Steven Harrison

Eins sein

Ein Leitfaden zur wahrhaftigen Liebe

Aus dem Englischen von
Martin Frischknecht und
Stephan Schuhmacher

Deutscher Taschenbuch Verlag

Von Steven Harrison ist im Deutschen Taschenbuch Verlag erschienen:

Nichts tun (36300)

Ungekürzte Ausgabe
September 2005
Deutscher Taschenbuch Verlag GmbH & Co. KG,
München
www.dtv.de
Titel der amerikanischen Originalausgabe:
Being One
Erschienen 1999 bei The Crossroad Publishing Company, New York

Übersetzung: Martin Frischknecht
und Stephan Schuhmacher (ab S. 83)
Umschlagkonzept: Balk & Brumshagen
Umschlagbild: Premium/Chromazone
Satz: Druckerei C. H. Beck, Nördlingen
nach einer Vorlage von Edition Spuren
Gesetzt aus der Sabon
Druck und Bindung: Druckerei C. H. Beck, Nördlingen
Gedruckt auf säurefreiem, chlorfrei gebleichtem Papier
Printed in Germany · ISBN 3-423-34221-8

Einführung

Als Vorbereitung auf dieses Buch oder, genauer, als Begleitumstand von dessen Entstehung habe ich in den vergangenen Jahren manch eine Form von Beziehung kennen gelernt.

Während ich dieses Buch schrieb, erlebte ich, wie mein erstes Kind geboren wurde, und damit eröffnete sich mir eine Beziehung voller Offenheit, Unschuld, Vertrautheit und Nähe. Diese Beziehung fordert von mir alles und sie gibt mir alles. Sie ist die Liebe in Person.

Eine Weile nach der Geburt meines Sohnes begab ich mich in den Himalaja, um mich in die Einsamkeit zurückzuziehen. Während ich in den Bergen an diesem Buch arbeitete, war mit mir nichts als die mächtige Qualität des Alleinseins und als dessen unpersönlicher Ausdruck eine enorme Ausweitung des Bewusstseins, die damit einherging.

Die Geburt meines Sohnes, das Retreat und alles, was mein Leben ausmacht, bildete den Rahmen für mein zeitweiliges Zusammentreffen mit Menschen. Manche lebten mit mir zusammen, andere kamen zu Besuch, und alle nahmen sie teil an diesem Forschungsprojekt über Beziehung. Während vieler Jahre bin ich mit allen Arten von Menschen zusammengekommen, um mit ihnen Fragen und Probleme des Lebens zu besprechen – und um schließlich gemeinsam auch in die Stille zu gelangen, die sich ergibt, wenn die Worte verklingen.

Die Fragen, welche uns mit Abstand am nachhaltigsten beschäftigten, waren die, welche mit unseren Beziehungsangelegenheiten verbunden sind. So viele Menschen sind verwirrt und unglücklich, und so viele scheinen es wegen ihrer Beziehungen zu sein. Worum es sich dabei auch drehte – die emotionale Nähe zu einem Kleinkind, die Herausforderungen von Beziehungen in einer Gemeinschaft, in der Familie, in der Ehe –, mir schien, dass ich stets über ein und dasselbe Thema schrieb. Die Sache, um die es dabei eigentlich geht, bleibt dieselbe, egal, wie die Umstände sind: Lassen wir uns ohne Rückhalt, mit Haut und Haar, auf unser Leben und unsere Beziehungen ein? Ist es das, worum es uns in erster Linie geht, oder bekümmern wir uns stattdessen um unser Überleben auf seelischer wie materieller Ebene?

Schließlich merke ich, dass es keinen Unterschied macht, ob ich mit meinem Schicksal hadere, wenn ich mitten in der Nacht gezwungen bin, eine Windel zu wechseln, oder ob ich am anderen Ende der Welt sitze und mich schlecht fühle, weil ich nicht bei meinem Sohn bin und die Nähe seines winzigen und doch so unendlich großen Herzens entbehre. Unser denkender Geist wird sich stets über sein Schicksal beklagen. Zufrieden ist er nie. Das liegt in seiner Natur. Er beklagt sich, wenn wir in einer Beziehung sind, und er beklagt sich, wenn wir alleine sind. Die Höhle des Einsiedlers wird uns nicht glücklich machen. Mit anderen gemeinsam im selben Haushalt zu leben, wird uns auch nicht glücklich machen. Glücklich kann unser Geist eben nicht sein.

Glück erwächst allein aus der Stille selbst, vor deren Hintergrund all jene Gedanken entstehen, die unsere

Persönlichkeit ausmachen. In dem Augenblick, in dem unsere Gedanken zur Ruhe kommen, und kurz bevor der nächste Gedanke entsteht – dort, und nur dort, ist das Glück zu finden. Gerade dort, in jener umfassenden Stille, ist Beziehung.

Unser Leben kann dieser Stille direkt entspringen, unsere Lebensumstände können ihr Ausdruck sein und in unseren Beziehungen können wir sie verkörpern.

Dieses Buch ist eine Sammlung von Gedanken und Meditationen über das Wesen unserer Welt, so, wie sie ist. Dieses Nachdenken kreist um die Möglichkeiten einer Welt, in der Beziehung als eine umfassende Tatsache wahrgenommen wird und Trennung als eine Verwirrung des Geistes. Mit einem Buch wie diesem ist es vielleicht möglich, Kommunikation in Gang zu bringen, vielleicht sogar Kommunion auszulösen. Tatsächlich ist das die einzige Absicht, welche ich mit diesem Buch verfolge. Möge es so etwas wie ein Auslöser sein. Der Versuch selber ist es freilich nicht. Wir sind der Versuch.

Die Welt, die wir mit unserem denkenden Geist entwerfen und fortwährend projizieren, ist die reine Illusion. Das Leben selbst ist keine Illusion.

Dennoch müssen wir leben.

Wie wir unser Leben gestalten, aus dem Kern unserer Lebensenergie, manifestieren sich Kommunikation und Kommunion. Das ist das große, umfassende Experiment «Leben», an dem wir alle auf Gedeih und Verderb teilhaben.

Ein Buch kann den Leser nicht in die Stille führen. Es kann nur das Wesen unseres Geistes vor Augen führen. Sollte Stille sich einstellen, so wird sie das auf ihre eigene Weise tun. Verordnen lässt sie sich nicht. Ebenso wenig lässt sich Stille herbeiführen, denn sie unterliegt nicht dem Gesetz von Ursache und Wirkung.

Für den Verstand, der es gewohnt ist, durch seine Anstrengungen eine Wirkung und Resultate zu erzielen, ist diese Tatsache sehr demütigend.

Was hier geschrieben steht, dreht sich um das Erkennen unserer fortwährenden Selbsttäuschung. Das gehört wohl zum Besten, was sich mit Worten überhaupt erreichen lässt. Dieses Buch enthält keine Antworten, und das ist mit voller Absicht so. Stattdessen umkreist dieses Buch in groben Zügen eine große, gewichtige Frage. Eine Antwort auf diese Frage muss jeder für sich selber finden. Und schließlich werden wir sie mit unserem Leben selbst erteilen.

Eine Geschichte von der Liebe

Bei den Sufis gibt es eine alte Geschichte, die in etwa so geht:

Ein junger Mann war von einem Dorf zum andern gezogen, als er vor das Haus einer jungen Frau kam, in die er sich bis über beide Ohren verliebte. Er klopfte an die Tür und von drinnen ertönte ihre Stimme: «Wer ist es?»

«Ich bin es», sagte der junge Mann.

«Geh weg!», sagte die Frau, «hier drin ist nicht Platz für zwei.» Niedergeschmettert zog der junge Mann fort. Er tat Buße, bereute seine Sünden, betete und meditierte viel. Später kehrte er zurück und klopfte wieder an die Tür der jungen Frau.

«Wer ist es?», erklang von drinnen die alte Frage.

«Du bist es.»

Da ging die Türe auf.

Nicht allein leben

Alles was lebt
lebt nicht allein
und nicht für sich selbst.
William Blake

Ein Augenblick der Stille, ein ruhiger Spaziergang durch den Wald, die Schönheit eines Sternenhimmels, das alles offenbart, wie sehr wir Teil von etwas Unermesslichem sind.

Wir wissen das. Wir wissen, dass wir im Spiel des Lebens sowohl der Erzähler als auch die Akteure der einen Geschichte sind. Wir wissen, dass wir an einem Schnittpunkt von Himmel und Erde leben, dass in uns Göttliches und Kosmisches zugleich wirkt, dass sich in uns das Relative mit dem Absoluten vereinigt. Das Göttliche vermögen wir in der Tiefe unseres Menschseins zu erfahren. Und wir sind fähig zu lieben.

Wir wissen das. Doch wir haben es vergessen.

Wir sind vom Weg abgekommen und haben die Orientierung verloren. Wir haben die Einsicht verloren.

Wie Archäologen der Seele beginnen wir, unseren Geist vom Schutt freizulegen. Dazu angetrieben werden wir vom Bedürfnis, in einer umfassenden Beziehung zur Welt zu leben. Bei der Ausgrabung stoßen wir Schicht um Schicht auf Vorstellungen, Prägungen und Ängste.

Im Verlauf unserer Suche müssen wir irgendwie vergessen haben, dass wir vergessen haben. So hat die Suche ein Eigenleben bekommen. Sie ist zu ihrem eigenen Sinn geworden und zum Ersatz für das, was vergessen ging. Doch die Suche nach Liebe ist kein Ersatz für die Liebe selbst. Nichts kann Liebe ersetzen. Selbst wenn wir alles andere vergessen hätten, daran sollten wir uns erinnern.

In der Bewegung durch das Leben, wenn wir dabei sind, Schicht um Schicht den Geist freizulegen, wenn wir den Spuren von Reaktion zu Reaktion auf unserem Weg folgen und mit jedem Aspekt unser Verständnis erweitern, vermögen wir dabei nicht zu vergessen, dass das Leben selber ein Ausdruck von Liebe ist?

Die umwerfende Entdeckung dieser Art von Seelenarchäologie liegt darin, herauszufinden, dass die Suche schon vorbei ist, noch ehe sie überhaupt begonnen hat. Denn wonach wir Ausschau halten, das blickt uns bereits direkt ins Gesicht. Die Gesamtheit des Lebens ist unteilbar und allumfassend. Wir stehen bereits mitten im Leben und das Leben ist in uns.

So finden wir heraus, dass wir die Liebe nicht zu suchen brauchen, da wir sie bereits sind. Weil wir lieben, fällt uns diese Einsicht in den Schoß. Und weil wir lieben, wissen wir, dass wir im Leben nicht allein sind.

Warum tun wir dann so, als wären wir allein?

Einsamkeit: die Isolation des Ich

Wer Angst hat vor der Einsamkeit,
sollte nicht heiraten.
Anton Tschechow

Von einem gewissen Punkt in unserer persönlichen Entwicklung an begreifen wir uns als Einzelwesen, die von den anderen verschieden und abgetrennt sind. Obwohl das von weitreichenden Konsequenzen ist, wissen wir nichts mehr über diesen entscheidenden Schritt in unserer Lebensgeschichte. Dieser entscheidende Augenblick der Abgrenzung kommt in der uns bekannten Biografie nicht vor, er scheint uns im Verlauf der Zeit entglitten zu sein.

Vielleicht geschieht die Trennung als Aufflammen eines Ur-Bewusstseins bereits im Mutterleib, oder sie ereignet sich bei der Geburt mit dem Übergang in die äußere Welt. Vielleicht geschieht die Trennung mit dem ersten Atemzug, wenn wir uns zum ersten Mal selbstständig mit einem Element verbinden, ohne das wir nicht sein könnten. Womöglich erfolgt die Trennung mit dem ersten Hunger, wenn wir uns leer fühlen und das Bedürfnis verspüren, uns mit Kalorien anzufüllen.

Oder erfahren wir unsere Individualität und die Trennung von der Welt, wenn wir zum ersten Mal Unbehagen und Schmerz verspüren, wenn uns kalt ist, wir nass sind oder wir uns verletzt haben und uns jeder Begriff, jede Erklärung fehlt, um zu erfassen, wie uns geschieht? Wahrscheinlich erinnern wir uns an jene erste

Erfahrung von Trennung in unserem Leben, und doch ist es dieser Zustand des Abgetrenntseins, der uns unverkennbar als Individuen definiert. Dies ist die frühe seelische Erfahrung mit den weitreichendsten Auswirkungen.

Den größten Teil unserer frühen Kindheit verbringen wir damit, unser Getrenntsein und die Unterschiede zur äußeren Welt mit ihren Objekten und zu den inneren Antrieben zu erkunden. Aus einem Reich ununterscheidbarer Strömungen geraten wir in eine Welt unterscheidbarer Objekte, die wir durch unser Handeln beeinflussen können. Ein Reflex bringt uns dazu, die Zehen zu beugen. Der Instinkt bringt uns zum Schreien, wenn wir hungrig sind. Wir nehmen eine Welt wahr, die irgendwie mit unseren Bedürfnissen zusammenhängt. Wir beginnen, unsere Hände und Füße zu bewegen, und bald beginnen wir, Objekte zu bewegen. Wir lächeln und Mutter lächelt zurück. Wir weinen und jemand eilt – zu uns. Wir machen Bekanntschaft mit den Gesetzen von Beziehung, und unvermeidlich erfahren wir dabei auch den Zustand der Trennung.

In der Pubertät verlegen wir uns darauf, alles Trennende zu kultivieren. Wir betonen unsere Unverwechselbarkeit: Werden die Haare allgemein eher lang getragen, so schneiden wir die unseren kurz. Oder wir färben sie grün. Oder wir frisieren sie steil in die Höhe. Das tun wir alles, bloß damit wir sichtbar anders sind, abgetrennt vom Rest der Welt. Vielleicht sind wir in dieser Lebensphase auch darauf aus, einer Gruppe zuzugehören. Doch selbst mit dieser Suche nach Anerkennung sorgen wir zugleich dafür, aus der großen allgemeinen Gruppe herauszuragen. Wir geben ein wenig Individualität her für ein wenig Gruppensicherheit. Als Erwachsene verleiht uns das Abgetrenntsein Bedeutung und Identität. Wir haben uns abgemüht dafür, uns selbst zu definieren, und wir haben uns Dinge erarbeitet, die unsere Persönlichkeit nach außen hin deutlich machen: Wir haben ein Auto, das zeigt, wer wir sind. Wir hören Musik, die Ausdruck unseres eigenen Geschmacks ist. Wir kleiden uns gemäß dem eigenen Stil, und der wiederum ist Ausdruck unseres inneren Wesens. Wir haben eine unverwechselbare, einzigartige Meinung zu allem, was die Welt bewegt, und wir sind der festen Überzeugung, ein echtes, unverwechselbares Individuum zu sein.

Wo wir Einfluss gewinnen können, sind wir durchaus bereit, Teile unserer Individualität und Autonomie hintanzustellen, um mit anderen eine strategische Allianz einzugehen. Wir heiraten und der abgesteckte Bereich der Trennung dehnt sich so weit aus, dass gerade noch ein anderer darin Platz hat. Einen Teil unseres autonomen Selbst geben wir auf, doch dafür handeln wir uns als Gegenleistung einen Zuwachs an Macht, Status und Sicherheit ein.

Wir arbeiten für ein Unternehmen, dem wir Teile unserer Selbstständigkeit überlassen im Tausch gegen Geld. Wir treten einer religiösen Gemeinschaft bei, in der wir uns auf einen Verhaltenskodex verpflichten. Dafür erhalten wir von der Gemeinde moralische Grundsätze und einen gesicherten Platz im Kosmos der gemeinsamen Glaubensvorstellungen. Wir treten einer politischen Partei bei, unterstützen einen Kandidaten, kämpfen für eine bestimmte Sache und halten uns an die Parteimeinung. Als Gegenleistung kommen wir zu Macht und Einfluss. Wir glauben, damit unser eigenes Geschick zu bestimmen und an der Entwicklung unseres Landes mitzuwirken. Davon sind wir überzeugt. Dessen sind wir uns sicher. Alles ist unter Kontrolle.

Doch in Wirklichkeit geschieht das alles nur in Relation zu unserem Getrenntsein. Darin sitzen wir fest, und zwar so sehr, dass es außerhalb davon für uns kein Leben gibt. Das Einzige, was uns offensteht, ist, strategische Bündnisse mit anderen einzugehen. Diese Art von Verbindungen läuft auf nichts anderes hinaus, als dass dadurch unsere abgetrennte, festgeschriebene Identität, die wir ein ganzes Leben lang aufgebaut haben, noch bestärkt wird.

In der Gesellschaft existieren wir in einem komplexen Gefüge solcher Bündnisse, was einem Balanceakt zwischen widerstreitenden Kräften gleichkommt. Wie ein Monster, das sich gegen den wendet, der es erschaffen hat, hat sich das Persönlichkeitsgefüge den Menschen gekrallt und hält ihn gefangen. Entstanden aus der Trennung heraus, hat diese Schicht von individuellen Bedürfnissen und wechselseitigen Absprachen ihr eigenes Leben angenommen.

Diese Kraft hat sich zu einem Konzept des Getrenntseins verdichtet, uns als Individuum übernommen und in ein Gefängnis gesteckt. Die Mauern dieses Gefängnisses basieren auf der Idee der Trennung, ohne die Vorstellung der Trennung würden sie in sich zusammenfallen. Dennoch hält hier eine kollektive Kraft den Einzelnen gefangen. Die kollektive Seite dieser Macht ist uns nicht bewusst. Weil es die Macht des Getrenntseins ist, zeigt sie sich in der Einsamkeit, in der Leere und Sinnlosigkeit der Isolation. Dennoch wirkt sie auf uns von innen wie von außen, hält uns unter Kontrolle und erlaubt keine wahre Freiheit. Die gesellschaftlichen Zwänge sind die schlimmere von zwei Welten.

In dieser verfahrenen Situation sind wir weder freie Individuen, noch stehen wir in Beziehung zur Welt. Wir haben uns Sicherheit für Freiheit eingehandelt. Den eigenen Verstand und die eigene Intuition haben wir hergegeben für die Gesetze der Massenpsychologie. Und am meisten zählt, dass wir die dynamischen Möglichkeiten, die Freuden und Leiden von Beziehungen, aufgegeben haben zugunsten einer mechanisch funktionierenden Gesellschaft von Abgetrennten.

Wir sind verzweifelt einsam. Wir sind den Weg gegangen vom ungeteilten Zustand im Mutterleib zum individualisierten Zustand des Erwachsenen. Dabei sind wir zwar zu einer Persönlichkeit geworden, doch in dieser Verfassung ist es uns nicht möglich, zu irgendjemand in eine unmittelbare Verbindung zu treten. Was wir auch berühren, verwandelt sich sogleich in ein von uns abgetrenntes Objekt. Etwas anderes kennen wir nicht. Etwas anderes können wir uns gar nicht vorstellen.

Aus Einsamkeit heiraten wir, und dann finden wir heraus, dass wir immer noch einsam sind. Weil wir einsam sind, haben wir Kinder – finden heraus, dass wir nach wie vor einsam sind. Wir treffen uns mit Brüdern und Schwestern, Onkeln und Tanten, den Eltern – und bleiben einsam. Wir gehen zum Einkauf, essen, sehen fern – und sind einsam. Unsere Religion macht uns einsam. Unser Beruf macht uns einsam. Unser Therapeut macht uns einsam. Unsere Musik, unsere Kunst, unsere Bücher machen uns einsam.

Gestehen wir uns dies denn jemals ein? Geben wir die Trostlosigkeit unseres Lebens zu? Oder reden wir uns ein, all dies funktioniere, das alles mache Sinn, habe seine Richtigkeit und Bedeutung? Bleiben wir in Schwung, sind wir unternehmungslustig und voller Tatendrang? Füllen wir unser Leben mit Aktivität, unsere Bäuche mit Essen, füllen wir unser Leben an mit uns selbst?

Sind wir voll oder sind wir Vollidioten?

Es funktioniert nicht. Wir sind nicht glücklich. Wir stehen nicht in Beziehung. Wir sind allein und einsam. Wir sind leer, ängstlich und sterben einen langsamen, qualvollen Tod der Vermeidung.

Wovor fürchten wir uns? Was vermeiden wir? Wir sind einsam, wir müssen sterben und wir haben keine Hoffnung. Wir schauen weg. Wir sind am Schlafen und am Träumen.

Hat dieser Traum je ein Ende? Bleibt uns nichts als dieses Zwielicht, ein Leben, das kein echtes Leben ist, ein Leben, ja, aber ohne Liebe? Wachen wir auf aus diesem Traum! Wo werden wir uns wiederfinden, wenn wir aufgewacht sind? Wer werden wir sein?

In der Einsamkeit sind wir verschieden. Wenn wir in Beziehung treten, wer sind wir dann? Wenn wir zusammenkommen, wo bleiben unsere Grenzen, wo bleibt, was wir eben noch verteidigt haben? Zögernd und vorsichtig erwachen wir aus dem Schlummer. Wir blinzeln ins Tageslicht. Unsere Augen beginnen sich an die Helligkeit zu gewöhnen. Wir beginnen zu sehen.

Die Geburt des Selbst

Es tut gut, sich daran zu erinnern: Abgesehen von einer einzigen, unbedeutenden Ausnahme besteht das gesamte Universum aus anderen.
John Andrew Homes

Woher rührt unser Gefühl der Trennung? Wie haben wir uns selbst bloß in diese verzweifelte Lage versetzt und was mögen wir uns dabei nur gedacht haben?

Als Kind waren für uns ein Wort und die damit verbundenen Vorstellungen derart neu, dass wir mit den Wörtern spielten. Wir wiederholten ein neues Wort. Wir lauschten dessen Klang, fühlten dessen Eigenart und beobachteten, wie das Wort auf andere wirkte. Ein neues Wort hatte für uns keine Substanz, da es ohne Geschichte, ohne feste Zuordnung und ohne Absicht zu uns kam.

Doch wenn wir mit einem neuen Wort einmal fertig gespielt haben, wenn wir es uns angeeignet haben, so bewahren wir es auf für künftigen Nutzen. Wenn wir ein Wort dann verwenden, ist es nicht mehr frisch. Wir wissen alles über das Wort und seine Wirkung. Es ist zu einem Mittel geworden, mit dessen Hilfe wir die Welt organisieren und manipulieren.

Es gibt einen weiteren Gedanken, den wir erproben, von dem wir spüren, wie er sich anfühlt, und den wir uns schließlich aneignen, um ihn in geeigneter Weise zu nutzen. Dabei handelt es sich um das Selbst. Wir beginnen, alle weiteren Vorstellungen um ein zentrales Organisationsprinzip herum aufzubauen; und dieses ordnende Prinzip ist das «Ich».

Wir haben dieses neue Konzept an der Welt probiert, und die Welt hat darauf reagiert, als ob das Selbst real wäre. Die Vorstellung des «Ich» ist zum unverzichtbaren Hintergrund unserer Wirklichkeit geworden.

Wo liegt der Augenblick der Geburt dieses Ichs, der Augenblick der Abtrennung von der Welt um uns herum? Lässt sich ein solcher Augenblick der Trennung finden?

Und wenn wir einen solchen Wendepunkt nicht finden können, wenn wir uns nicht daran erinnern können, von welchem Zeitpunkt an wir uns vom ununterschiedenen zum unterschiedenen Selbst, von der allverbundenen zur deutlich unterschiedenen Wesenheit bewegten, wie ist es dann überhaupt möglich, dass wir vom Rest der Welt getrennt sind, dass wir wähnen, vom Rest der Welt getrennt zu sein? Wie kommt es, dass wir uns der Tatsache der Getrenntheit überhaupt so sicher sind?

Wo Denken auftritt, entsteht der Eindruck von Trennung. Das liegt in der Natur des Denkens, denn die Funktion des Denkens ist es ja, zu erkennen und zu unterscheiden. Diese abtrennende und kategorisierende Funktion ist die Grundlage unseres Intellekts. Unsere Identifikation mit dem Prozess des Denkens führt dazu, dass wir meinen, getrennt zu sein.

Doch wenn wir uns das Feld des Bewusstseins vergegenwärtigen, in dem das Denken ja entsteht und vergeht, so finden wir im Bewusstsein selbst keinerlei Trennung. Offensichtlich ist das Feld des Bewusstseins unbegrenzt, und die ungeteilte Weite des Bewusstsein steht uns allen jederzeit offen. In jedem Augenblick, in dem wir in die Stille finden, ist dieses Feld erfahrbar. Es ist in uns genauso gegenwärtig wie unsere Gedanken. Doch wir identifizieren uns mit den Gedanken, die ihrem Wesen nach nicht anders sein können als begrenzend und trennend. Warum nur identifizieren wir uns nicht mit dem Feld des Bewusstseins, diesem fruchtbaren Grund, dem sämtliche Gedanken entspringen?

Das Feld des Bewusstseins bleibt für uns im Hintergrund, weil wir es beim Betrieb des Denkens, in dem und aus dem wir existieren, ganz einfach ausblenden und vergessen.

Die Gesamtheit des Lebens, dieses «Alles und jedes» an sich, in dem auch unsere Gedanken auftreten und von dem das Denken ja bloß ein Teil ist, bildet nicht etwa den Hintergrund. Das ist so, weil es so etwas wie einen Vordergrund gar nicht gibt, weil da nichts ist, das für sich allein existierte und nicht ins große Ganze eingebettet wäre.

Da ist nichts, was außerhalb von allem anderen stünde. Wohl mögen wir in Gedanken Ordnungen und Unterordnungen bilden und uns mit solchen Teilbereichen identifizieren. Doch selbst diese Anstrengung, zu ordnen und aufzuteilen, ist letztlich im großen Ganzen enthalten.

Es gibt tatsächlich nichts, was außerhalb stünde, und wir können nicht anders, als uns dem Sein zu überlassen. Das Sein kennt kein Subjekt und kein Objekt. Es kennt keine greifbare Substanz. Sein umfasst alles, es umfasst das gesamte Universum, so, wie es ist.

Im Sein gibt es nur Einheit. Es ist das Selbst, das das Selbst der frühen Kindheit vergessen hat. Es ist die Liebe, die wir alle in Beziehungen suchen. Es ist das mystische Element, um das sich alle Religionen drehen.

Im Sein entdecken wir unser Selbst in Beziehung, in einer Beziehung außerhalb von Zeit und Raum, wo zwei zu einem werden, «Ich» zum Selbst, Machen zum Sein.

Körper, Geburt und Tod

Nichts entzieht sich so sehr dem Denken wie das Denken selbst – abgesehen von der Abwesenheit des Denkens.
Samuel Butler

Mehr noch als das Denken vermittelt uns der Körper ein Gefühl von Abgeschiedensein und Trennung. Unsere Antriebskräfte, unser Begehren und unsere Gefühle hängen mit dem Körper, dessen Freuden und Leiden und dessen Überleben unmittelbar zusammen. Wir scheinen mit diesem einen Körper aufzuwachen, der uns vertraut ist, und mit dem selben Körper scheinen wir einzuschlafen. Doch ist das tatsächlich so? Ist der Körper jetzt derselbe Körper wie derjenige zu der Zeit, als wir noch Kinder waren? Wird es derselbe Körper sein, wenn wir alt geworden sind und auf das Sterben zugehen? Sind unsere körperlichen Antriebe das Wirken einer verborgenen Eigenschaft in uns? Sind sie etwas Eigenes, uns Angeborenes oder sind sie der Ausdruck eines Zusammenwirkens von Biologie, Genetik und Konditionierung?

Eine Ameise hat von uns aus betrachtet einen einzelnen, abgetrennten Körper, lebt aber nicht in der Abgeschiedenheit. Offensichtlich ist der Körper einer Ameise integraler Bestandteil einer ganzen Ameisenkolonie. Die weitere Betrachtung enthüllt, dass die Ameisenkolonie wiederum der integrale Teil eines umfassenderen Ökosystems wie des Waldes ist, und der Wald wiederum ist der unverzichtbare Bestandteil einer Gegend, die Gegend ist

Teil eines ganzen Kontinents, dieser wiederum ist Teil eines Planeten und der Planet schließlich Bestandteil des Universums. Nichts könnte ohne das andere sein.

Wie der Körper einer Ameise ist auch unser Körper ein Teil des Ganzen. Unsere Körper lassen sich nicht vom Ganzen trennen. Wenn wir atmen, atmet das Universum. Wir sind das Ganze.

Wenn es nicht das Denken und nicht der Körper ist, die unsere Identität ausmachen, was trennt uns dann ab vom Rest der Welt? Offensichtlich stehen wir an einem Schnittpunkt von Bewusstsein und Materie. Das ist der Ort, an dem unser Körper lebt. Die Bereiche von Energie und Bewusstsein sind unendlich. Genauso unendlich ist der Bereich der Materie. Indem wir uns identifizieren mit dem Endlichen, jenem spezifischen Überschneidungspunkt von Energie und Materie, den wir als unser Selbst betrachten, erschaffen wir uns selbst. Diese grundlegende Art von Identifikation scheint das Gedankengebäude, in dem wir bis zur Auflösung durch den Tod existieren, zu enthalten.

Um einen flüchtigen Blick auf diese Selbst-Erschaffung zu werfen, müssen wir dem Tod begegnen – dem Punkt der Auflösung. In der Stille vermögen wir zu beobachten, wie uns das Bewusstsein durch die Verbindung mit dem Körper ein Gefühl von Sein vermittelt.

Ohne an dem Punkt gewesen zu sein, an dem das Bewusstsein frei ist von einer Verbindung zum Körper, lässt sich nichts über den Tod wissen. Bewusstsein ohne Objekt ist Bewusstsein ohne «Ich». Ohne eine materielle Grundlage existiert das Bewusstsein nach seinen eigenen Regeln in einem weiten Reich ohne Grenzen. Dort ist

Leben ohne eine bestimmende Mitte, ohne denkendes Subjekt. Eine Art von Tod ereignet sich nur insofern, als da kein «Ich» mehr ist. Es ist nicht die Abwesenheit des Lebens an sich.

Es gab einmal einen Mann, der trug schwer an der Last seines Lebens, denn er hatte zu viele Probleme und zu wenig Geld. Eines Tages, nachdem er sämtliche überfälligen Rechnungen durchgegangen war, die sich bei ihm angesammelt hatten, fegte er all das Papier von seinem Schreibtisch und rief: «Lieber will ich sterben, als auf diese Weise weiterzuleben!»

So ein Ruf ist Musik in den Ohren des Todesengels. Augenblicklich erschien er vor dem Verzweifelten.

«Ich bin der Engel des Todes», sprach er zu dem Mann. «Warum hast du mich gerufen?»

Erschrocken erwiderte der Mann: «Oh, bitte hilf mir, diese Rechnungen zurück auf den Tisch zu legen.»

Es ist der Tod, den wir am meisten fürchten, etwas, das wir nicht erfassen können und dem wir nicht ins Auge blicken wollen. Mit dem Tod kommt das Ende des Getrenntseins, unsere Identität löst sich auf und unsere Sicherheiten sind dahin. Der Tod erscheint uns als Übergang in das weite Reich des Bewusstseins, das wir nach dem Tod unbehelligt von unserer körperlichen Gestalt durchwandeln werden. Doch an dieser Gestalt hängt unsere Identifikation.

Ein ganzes Universum ohne uns – eine faszinierende Möglichkeit! Wie wird sich das wohl anfühlen, wie wird das sein? Diese Frage führt uns dazu, die Grenzbereiche des Todes zu erkunden: Wir berauschen uns mit Drogen und erfahren, wie sich dabei unser Gefühl von Identität auflöst. Wir erleben hinreißenden Sex und lösen uns für einen Augenblick darin vollständig auf. Wir meditieren und fühlen uns zwanzig Minuten lang eins mit dem Universum. Wir stürzen uns in eine Extremsportart und erleben den Kitzel der Todesnähe.

Doch bei allen diesen Erfahrungen zählen wir darauf, dass wir zurückkommen. Wir wollen zurückkommen. Der Witz der Sache liegt im Zurückkommen, nicht im Sterben. So lässt sich der Tod nicht erleben, nur vermeiden.

Die Wirkung von Drogen lässt nach, die Orgasmen verklingen. Auch die längste Meditation kommt einmal zu einem Ende. Stets kehren wir zurück, gelangen zu uns selbst, zu unseren Konditionierungen, unserer Trennung, unseren Sorgen, unserem Vergessen.

Dieser gesamte Komplex, die Angst vor dem Tod, das Flirten mit ihm und das Vermeiden des Todes, das alles ist eine Illusion. Den Zeitpunkt der Geburt, jener Augenblick, als sich die Trennung ereignete, wir haben ihn nie gefunden. Wenn wir den Punkt der Geburt nicht finden können, wie sollen wir da sterben? Und was von uns wird sterben?

Gibt es so etwas wie einen Punkt des Todes, gibt es einen Augenblick der Geburt? Wenn sich in unserem Geist oder in unserem Körper kein stabiles Selbst finden lässt, was ist es dann, was sich im Tod auflösen wird? Ist das, was wir vom Tod fürchten, nämlich das Ende unserer Trennung, womöglich jetzt schon Tatsache? Was nicht geboren worden ist, das kann auch nicht sterben. Finde zum Punkt der Geburt zurück und in diesem Augenblick wird sich dir der Tod enthüllen, Alpha und Omega an ein und demselben Punkt. Geburt und Tod befinden sich genau in diesem Augenblick, genau in diesem Wort. Das Wort entschwindet und zurück bleibt umfassende Stille.

Hoffnung: die Projektion des Zusammenseins

Die Hoffnung ist der einzige weltweit tätige Hochstapler, der nie seinen guten Ruf verliert.
Robert Inggersoll

Wir sind einsam und bewegen uns mechanisch durch ein Leben in «stiller Verzweiflung». Morgens stehen wir auf, wenn der Wecker es befiehlt, mit Koffein und Nikotin bringen wir uns auf Touren, mit dem neuesten Motivationsbuch oder -video stillen wir unseren Bedarf nach guten Aussichten. So bringen wir den Tag hinter uns, bringen die Woche hinter uns. Dann wird uns der Lohn überwiesen, wir bezahlen die Rechnungen, gehen ein, zwei Nächte aus, trinken und halten Ausschau nach einem Freund oder einer Freundin.

Was hoffen wir, so zu finden? Wir hoffen, dass dieser mystische Geliebte die Leere aus unserem Leben vertreiben wird, dass wir fortan ein erfülltes Leben führen werden, aus dem die Einsamkeit zum Verschwinden gebracht wurde.

Hoffnung weckt in uns die Erwartung, in einem anderen die Anteile zu finden, die wir im eigenen Leben vermissen. Und Hoffnung versichert uns, dass wir imstande sein werden, dem anderen das zu geben, was er vermisst. Unser Leben wird vollkommen, wir werden glücklich, und alles wird seinen Sinn haben und wertvoll sein.

Dann klingelt der Wecker. Es ist Montagmorgen, Zeit, um arbeiten zu gehen und einen weiteren Tag in dieser endlosen Serie der Tage hinter sich zu bringen. Mit der Hoffnung scheinen wir das nicht bedacht zu haben: das wahre Leben.

Die Hoffnung hat uns vergessen lassen, dass wir nicht einen einzigen aufrichtigen Tag verbringen, solange wir ohne ein Gefühl dafür leben, wie es ist, ohne Kompromisse zu sein.

Die Hoffnung hat uns vergessen lassen, dass wir unsere gesamte seelische und körperliche Energie dafür verwenden, materielle Dinge zu erwerben, sie zu behalten, sie neu zu organisieren und nach außen hin zur Schau zu stellen.

Die Hoffnung hat uns vergessen lassen, dass wir unsere zahlreichen körperlichen Mängel mit Schminke, Frisuren und Kleidern kaschieren. Und die seelischen Wunden halten wir bedeckt unter Therapien, Lebenslügen und Vermeidungen. Unsere spirituellen Mängel schließlich kaschieren wir mit oberflächlichen religiösen Praktiken und bestreiten sie mit schlagfertigem Geist.

Die Hoffnung hat uns vergessen lassen, wie sehr wir uns selber täuschen, wenn wir die eigenen Täuschungen vergessen.

Wie begegnet ein Betrüger einem Menschen, der ihm Glück und Erfüllung bringen soll?

Der Betrüger kann den anderen dazu verführen, ihn leidenschaftlich zu lieben. Das fällt ihm leicht. Es geschieht mit Schall und Rauch, Vorspiegelungen, Komplimenten und tiefen Blicken. Aufrichtiges Interesse und Zuwendung werden vorgetäuscht. Es ist nicht schwer, einen anderen mittels solcher Tricks dazu zu bringen, sich zu verlieben. Nie aber kommt es vor, dass der Betrüger denjenigen liebt, den er zur Liebe verführt hat.

Der Betrüger könnte darauf verfallen, dem anderen die Natur der Täuschungsmanöver zu enthüllen. Doch wie sollte es dann noch möglich sein, dass der Betrogene den Betrüger weiterhin liebt?

Wir wissen, dass wir uns selbst betrügen. Wir wissen, dass auch die Hoffnung eine Täuschung ist. Wir sind ohne Hoffnung. Das Beste, was wir erwarten können, ist, einem anderen zu begegnen, der sich genauso in Täuschungen verloren hat wie wir. Dann betrügen wir uns gegenseitig so erfolgreich, dass wir zu einem friedlichen Zusammenleben auf einer Grundlage von Betrug und Verleugnung finden.

Es ist Freitag. Zeit, sich eine Nacht in der Stadt um die Ohren zu schlagen und dabei womöglich einen Partner kennen zu lernen. Wir wissen: Heute Nacht könnte es geschehen. Und zugleich wissen wir, dass dies bestimmt gerade nicht diese Nacht sein wird. Wir tanzen und vergessen.

Der Wecker klingelt. Es ist Montagmorgen, es ist Zeit, um zur Arbeit zu gehen. Wir sind allein. Wir gehen arbeiten. Wir hoffen, diese Woche werde etwas Besseres bringen. Die Hoffnung lässt uns alles wieder vergessen und richtet unsere Erwartungen auf kommenden Freitag aus.

Was wäre, wenn wir für einen Augenblick diese unendlich vielen Tage betrachteten, die wir damit verbringen, das nahende Wochenende zu erwarten? Was wäre, wenn wir in diesem Augenblick die Fassade unserer routiniert affektierten Persönlichkeit ablegten? Was wäre, wenn wir uns den Anteilen, die wir vermissen, bewusst konfrontierten?

Was, wenn wir uns nach einem neuen Geliebten umtäten, nach einem, der immer und ewig mit uns sein wird – nach unserem Alleinsein?

Nein, das können wir nicht; das wäre zu schmerzhaft und schrecklich. Dieses Gefühl der Leere und des Alleinseins ist unerträglich. Wir brauchen einen belebten, warmen Körper, etwas, egal was, um dieses Vakuum zu füllen. Doch damit mögen wir uns jetzt nicht beschäftigen. Später, wenn ein Geliebter oder eine Geliebte uns zur Seite stehen wird, werden wir stärker sein. Dann werden wir die Kraft haben, uns auf diese Gefühle einzulassen.

Der Wecker klingelt. Es ist Montagmorgen und Zeit, arbeiten zu gehen. Wir hoffen, diese Woche werde besser sein. Wir hoffen und wir vergessen.

Betört und vernarrt: die Aussicht auf Verbindung

Liebe ist ein Sieg der
Einbildung über den Verstand.
H. L. Mencken

Woher kommt es, dass wir, kaum dass wir einem bestimmten anderen Menschen begegnen, mit einem Mal völlig weggetreten sind? Wo eben noch die Vernunft wirkte und mit sicherer Hand führte, steht plötzlich ein unbeholfener Dummkopf da. Wir werden unserer selbst bewusst, und das Selbst, welches da ins Bewusstsein tritt, ist nicht viel mehr als die peinlich anmutende Schale eines menschlichen Wesens.

Ängstlich fragen wir uns, was für einen Eindruck wir wohl auf den anderen machen. Mag er mich? Fühlt sie sich von mir genauso angezogen wie ich von ihr?

Wie mit der Lupe vergrößert nehmen wir die eigenen Fehler wahr und können nicht anders, als zu denken, der andere sehe uns genauso. Gelänge es uns, diese Mängel erfolgreich zu verstecken und es blieben nur unsere guten Seiten sichtbar, müsste uns der andere dann nicht ins Herz schließen? Doch wen liebt der andere dann? Einen Teil von uns, jenen Teil, den jeder an uns mag. Wäre dieser Teil doch bloß das Ganze, wäre das doch nur die ganze Wahrheit.

Derweil zeigt der andere, von dem wir uns angezogen fühlen und den wir bezirzen, auch bloß jene Seiten von sich, auf die wir voraussichtlich gut ansprechen:

Schau her, was für einen großen Sinn für Humor ich doch habe, den Zorn dahinter sieh besser nicht. Hier, schau nur meinen Sinn für Kreativität, um die Langeweile brauchen wir uns jetzt nicht zu kümmern. Und hier meine Kraft und Schönheit, meine Unsicherheit und Angst lassen wir vorerst im Verborgenen.

Wenn diese Vorstellung gelingt, werden wir den andern für uns einnehmen und der andere wird uns für sich einnehmen. Auf gut Glück hereingelegt, treten wir in die Welt und verkünden unsere Liebe.

Wie lange wird die Betörung vorhalten? Wird sie es überstehen, wenn all das, was wir erfolgreich unter den Teppich kehrten, eines Tages zutage tritt? Werden wir weiterhin geliebt, wenn wir uns so zeigen, wie wir sind: ängstlich, egozentrisch und manipulativ? Werden wir immer noch lieben, wenn wir erkennen, dass der andere nicht viel besser ist?

Selbstverständlich ist uns bewusst, dass der Pfad der Täuschung nur weiter in die Isolation führen kann. Vielleicht ist dies der Grund, warum wir so aufgeregt sind, wenn wir uns auf diese Weise mit einem anderen verbinden, wissen wir doch von allem Anfang an, dass wir auf dem Pfad der Täuschung wandeln. Wir wissen, dass Liebe Ehrlichkeit verlangt, und doch machen wir uns gegenseitig etwas vor. Wir wissen, dass Liebe aus engster Vertrautheit erwächst, und doch fordern wir keine Intimität, noch sind wir bereit, Intimität zu gewähren.

Schließlich machen wir beim Täuschungsmanöver mit, denn zu lieben würde heißen, unseren Narzissmus zu begraben und uns vom eigenen egozentrischen Weltbild zu verabschieden. Das wäre zu viel verlangt, denn wie Samuel Johnson bemerkte, ist es immer noch so, dass eine annehmbare Person in unseren Augen ein Mensch ist, der uns annimmt, wie wir sind.

Wie in der griechischen Mythologie berichtet wird, ist Narziss nicht fähig, die Liebe der Nymphen des Waldes zu erwidern. Zu sehr ist seine Liebe auf sich selber bezogen. Eines Tages stößt Narziss mitten im Wald auf einen ruhigen, klaren Teich und darin erblickt er zum ersten Mal das eigene Spiegelbild.

Narziss verliebt sich – in das Abbild seiner selbst.

Er bittet sein Spiegelbild, zu ihm zu kommen, aber natürlich geht das nicht. Er greift in den Teich, um seinen Geliebten zu berühren, doch der Geliebte zieht sich zurück. Narziss verharrt am Ufer des Teiches, starrt, und ist in seiner Verliebtheit unfähig, in Kontakt zu treten.

Narziss stirbt am Rande des Wassers, und wo er stirbt, wächst die nach ihm benannte, das Wasser liebende Blume.

Narziss zerstörte sich durch seine Vernarrtheit in das eigene Abbild. Alle Hoffnungen und Phantasien, sämtliche Eigenschaften, die er begehrenswert fand, projizierte er in sein Spiegelbild. Diese Faszination lähmte ihn. Er starrte und war unfähig, sich zu rühren, zu erforschen, in Frage zu stellen und zu integrieren. Sich selbst und seinem Geliebten gegenüber konnte er nicht aufrichtig sein. Was sollte ihn das auch bekümmern, jetzt, wo er doch endlich die Liebe gefunden hatte. Niemand hätte ihn mehr davon abbringen können; niemand vermochte den Zirkelschluss seiner Selbstliebe aufzubrechen.

Offensichtlich handelt die Geschichte des Narziss nicht eigentlich von Liebe, sondern von einer süchtig machenden Selbstbezogenheit. Doch wer von dieser Selbstbezogenheit gefangen genommen wird, der ist überzeugt davon, in Liebe entbrannt zu sein.

Narziss ist sich seiner Täuschung so sicher, dass er wortwörtlich Wurzeln schlägt, für immer über dem Teich hängen bleibt, der fortan ewig die blühenden Narzissen spiegelt.

Die Tragik des Narziss ist nicht dessen Selbst-Besessenheit, vielmehr liegt die Tragödie im Verlust eines Zusammenhangs, von dem das Selbst reflektiert wird. Narziss konnte den Teich im Wald nicht sehen, genauso wenig wie er den Rest der Welt, in der er mitsamt seinem Spiegelbild existierte, nicht wahrnehmen konnte. Ohne diesen Zusammenhang gibt es keine Beziehung, da gibt es nur dieses einzigartige, ganz und gar auf sich selber bezogene Bruchstück der Welt.

Wir hoffen, dieses perfekt gespiegelte Selbst lasse sich in einem anderen finden. Wir hoffen, eine Welt zu finden, die nur dazu erschaffen wurde, dass du und ich in ihr leben. Wir hoffen, unser eigenes Spiegelbild zu erblicken, verzückt vor Liebe in dessen Anblick zu vergehen und auf der Stelle Wurzeln zu schlagen, starr vor uns selbst. Was am meisten zählt, ist natürlich unsere Hoffnung, auf ein Gegenüber zu treffen, das mit derselben Verehrung zurückblickt und uns genauso anhimmelt.

Wenn das einmal erreicht ist, werden wir allen Schmerz und sämtliche Zwietracht vergessen, und genauso wird es unser vollkommenes Gegenüber tun. Wir werden uns gegenseitig haben. Wir werden uns selbst haben. Was wir unter diesen Umständen allerdings nicht werden haben können, ist eine Beziehung.

Betört und vernarrt, wie wir sind, haben wir vergessen, dass dieser andere kein anderer ist als wir selbst. Wirklich vergessen haben wir das nicht. Wir wissen es. Dieses Wissen bricht sich schließlich Bahn. Wir sehen uns selbst im anderen, doch sowie sich unser Strahlen zur Fratze verzerrt, merken wir, dass auch der andere bis oben hin voll ist von Schmerz. Mit einem Mal kommt Wind auf, die Oberfläche des Teiches kräuselt sich. Wir wachen aus dem Traum auf und merken, dass da rund um uns ein Wald ist. Da sind Geräusche und Licht. Allmählich werden wir uns des größeren Zusammenhangs bewusst. Die Zeit der Verehrung ist vorbei. Wir sind allein.

Die Suche nach Beziehung, die nun wieder einsetzt, wird zur Suche nach Vergessen und Schlaf, zum Haschen nach einem Traum, zur Sehnsucht nach Betörung und Vernarrtsein. Wir wissen, dass dies alles nicht wahr ist, doch wie bei einer Sucht hält uns der Antrieb in seinen Fängen.

Wir wollen schlafen und davon träumen, noch einmal auf ein faszinierendes Geschöpf, wie wir selbst, zu stoßen, das wir fasziniert betrachten werden und das unsere Faszination erwidert.

Nach diesem Wesen suchen wir bei der Arbeit, im Restaurant, in der Kirche, an der Bar. Während wir nach ihm suchen, sucht das unbekannte Wesen an denselben Orten nach uns.

Das heißt, wir sind Jäger und Gejagte zugleich.

Schließlich werden wir diesen Liebeswahn wieder finden oder er findet uns. Das kommt aufs selbe heraus. Und von vornherein wissen wir, dass dieser gedankenlose Liebeswahn nicht von Dauer sein wird, dass sich das Spiegelbild dereinst kräuseln wird und wir einmal mehr allein sein werden.

Einmal mehr werden wir uns auf die Suche machen.

Wenn uns die Liebe packt und beutelt, schlägt sich das höchstwahrscheinlich auch in einer Veränderung der Körperchemie nieder. Etwas ist uns zugestoßen. Uns verzehrt ein Feuer und wir fühlen uns lebendig wie noch nie. Wir sehen und fühlen und hören intensiver. Wir sind berauscht.

Viele sind hinter diesem Rausch her, sie wollen brennen in hirnlos rasender Leidenschaft. Sie suchen keine Beziehung. Egal zu wem, sie wollen hingerissen sein vor Liebe. Wenn die Verzückung nachlässt – und das wird sie ganz gewiss –, suchen sie von neuem. Oder sie unternehmen den Versuch, die Euphorie mit List, Romantik und Risikobereitschaft neuerlich aufleben zu lassen.

Wir brauchen das Gefühl der Euphorie. Nichts lässt sich vergleichen mit dieser Flut von biochemischen Stoffen, welche unser Gehirn überschwemmen und unzweifelhaft signalisieren: Wir sind im Begriff, uns zu paaren. Wenn die Wirkung dieses Schubs nachlässt, wenn die entsprechenden Gefühle verebben, suchen wir hektisch nach einem Weg zurück. Wir zittern, schwitzen und sind unkontrollierbar verspannt. Die anderen sind schuld, wir selbst sind schuld. Wir jammern und wir betteln darum. Wir brauchen dieses Gefühl. Wir brauchen es dringend. Wir sind süchtig geworden.

Was ist es eigentlich, nach dem wir süchtig sind? Sind es die Hormone, die Neurotransmitter, die biochemischen Stoffe, die morphinartigen Substanzen, die das Gehirn betören? Es gäbe doch so viele weniger komplizierte Verfahren, um high zu werden und es zu bleiben. Wir können joggen gehen und uns in die Euphorie der Langstreckenläufer versetzen. Wir können chemische Substanzen einnehmen oder Drogen und Alkohol konsumieren. Wir können uns auf den Erwerb und ins Geldscheffeln stürzen und uns an Gütern berauschen, die sich kaufen lassen. Oder wir machen es umgekehrt, geben möglichst wenig aus und füllen unsere Konten.

Der Möglichkeiten sind viele. Was ist es bloß, das uns dazu bringt, den Zustand des Verliebtseins allen anderen Euphorien vorzuziehen? Warum sind wir süchtig nach der Verzückung, die sich einstellt, wenn wir unsere Phantasien projizieren, ohne dass dabei eine wahre Verbindung mit einem anderen Menschen entstünde?

Vielleicht sind wir gar nicht süchtig nach jenen Gefühlen, die mit dem Zustand des Verliebtseins einhergehen. Vielleicht sind wir vielmehr süchtig nach dem Zustand der Trennung. Vielleicht ist diese Sucht nach Trennung ein derart grundlegender Aspekt unseres Wesens, und so tief in uns verwurzelt, dass sie alle weiteren Sehnsüchte und Gefühle nur als Maskerade der Selbstliebe verwendet.

Schließlich handelt es sich nicht um einen anderen Menschen, sondern wir sind verliebt in uns selbst. Der andere dient uns lediglich als Projektionsfläche. Wir fühlen uns ekstatisch, denn wir haben die Welt bis zum Rand hin mit uns selbst angefüllt. Etwas anderes gibt es für uns nicht mehr. Nichts lässt sich damit vergleichen, und das ist es, nach dem wir so süchtig sind: die Trennung. Wir stehen in einem Spiegelkabinett und aus allen möglichen Richtungen lächelt unser eigenes Abbild zurück.

Dann bricht die Euphorie zusammen. Unsere Empfindungen sind nicht länger frisch und werden stumpf. Die Welt beginnt, Einfluss auf uns zurückzugewinnen. Mit einem Mal entsteht wieder eine Verbindung zur Umwelt und es folgt die Phase der Ausnüchterung. Wir fühlen den Schmerz, die Sorge und die Trennung. Im Rausch glaubten wir, dies alles sei entschwunden. Nun erinnern wir uns.

Mit einem Mal kommt uns der Partner verlangend, nörgelnd und ängstlich vor. Der Mensch, den wir eben noch anbeten, erscheint in unseren Augen nicht mehr mit diesem speziellen Leuchten. Stattdessen erblicken wir einen Menschen voller Schwächen, einen, der uns eher abstößt als anzieht. Nun fühlen wir uns deprimiert, wir sind orientierungslos und verzweifelt. Es ist zum Wegrennen. Wir könnten ein neues Gegenüber suchen, einen Menschen, der uns die Verliebtheit wieder fühlen lassen würde. Wir wollen uns selbst wieder spüren. Wir wollen zurück in die Blase der Selbstliebe, zurück in eine Welt, in der es nur dich gibt und mich. Davon wollen wir eine weitere Dosis, und zwar schnell.

Ein Kreislauf ohne Ende.

Oder wir stellen uns jetzt dieser Sucht nach Trennung, der Sucht nach uns selbst.

Wir werden abstürzen. Die Wirkung der biochemischen Stoffe wird nachlassen. Wir werden niedergeschlagen sein. Die Welt der leuchtenden Farben wird fahl werden und sich in Grautöne auflösen.

Der andere erscheint in unseren Augen als fehlerhaft, verbraucht und schlapp. Schließlich werden wir erkennen, dass dieser andere wir selbst sind – wir sind fehlerhaft, verbraucht und schlapp. Wir werden erkennen, dass wir dem anderen nie wirklich begegnet sind, nur immer uns selbst. Nie haben wir wirklich in Beziehung gestanden, nie standen wir in einem Dialog. Statt in einer Verbindung befanden wir uns in der Trennung. Bis oben hin waren wir angefüllt mit uns selbst. Nun sind wir leer. Und damit sind wir endlich bereit, eine Beziehung einzugehen. Der Eingang ist deutlich markiert. Auf einem Schild über dem Eintritt in die Beziehung steht: Schmerz.

Der Schmerz der Beziehung

Liebe stirbt nie an Hunger, oft aber an schlechter Verdauung.
Ninon de Lenclos

Schmerz erweist sich als das zentrale Thema einer Beziehung, die basiert auf der Sehnsucht nach dem Verliebtsein, auf Hoffnung und Verleugnen. Wenn wir lange genug nach dem rechten Partner gesucht haben, gelingt es, einen anderen zu erobern und gefangen zu nehmen, so wie er uns gefangen nimmt.

Aus Gewohnheit, Verlangen und Furcht binden wir uns aneinander und behaupten, das sei eine Beziehung. Wir werden uns so lange gegenseitig mit Verehrung aufputschen, bis sich das Maß der Verehrung erschöpft hat und aufgebraucht ist. Die Hoffnung nach etwas Besserem wird zerrinnen. Wir werden uns wiederfinden, wo wir begonnen haben: bei der Einsamkeit und dem Schmerz. Doch nun leistet uns im Elend wenigstens einer Gesellschaft.

Wir haben gelernt, mit seinen barbarischen Sitten zurechtzukommen, auch mit seinem eklatanten Mangel an Verantwortung und seinen dreckigen Socken. Ebenso haben wir gelernt, mit ihrem Gejammer zu leben, mit ihren hysterischen Anfällen und ihrem Putzfimmel.

Wir schreien uns gegenseitig an. Uns selbst schreien wir an. Wir schreien, und doch können wir scheinbar nicht aufwachen. Wir wissen, dass es wehtut, ohne Beziehung dazustehen, und wir wissen, wie sehr es wehtut, in dieser Beziehung zu sein. Hier sind wir und stecken fest. Wie haben wir uns in diese grandiose Enttäuschung bloß hineinmanövriert? Wie konnte das geschehen? Der andere schien doch derart vielversprechend, mit seiner Schönheit erweckte er in uns die hochfliegendsten Hoffnungen. Nie zuvor hatte uns die Liebe derart heftig erwischt. Plötzlich war da diese Weite und Offenheit, als wir uns trafen. Dieser weite, offene Raum war berauschend, nie hätten wir daran gedacht, dieser Rausch könnte einmal vorüber sein. Unmittelbar hatten wir dieses schöne Gefühl mit jener Person verbunden, die es in uns hervorzurufen schien. Doch stimmte das?

Wo war dieses Gefühl der Weite und Offenheit vor der Begegnung gewesen? War es nur als Potenzial vorhanden? Existierte es damals gar nicht? Was hat es mit einer Begegnung auf sich, dass sie dieses schlafende Gefühl in uns erweckt und hervortreten lässt? Und warum stellen wir uns diese Fragen nicht, solange wir uns mitten im Liebestaumel befinden?

Wir haben nach diesem Gefühl immer nur außerhalb gesucht, im anderen. Nie wäre es uns in den Sinn gekommen, danach in unserem Leben, so wie es immer schon war, zu suchen. Nie haben wir uns darum bemüht, herauszufinden, ob dieses umwerfende Gefühl von Verbundenheit, Sicherheit und Vertrauen nicht auch ohne Partner hier und jetzt für uns zu haben wäre. Würden wir uns der Sache so zuwenden, entdeckten wir eine völlig neue Perspektive. Wir wären erlöst vom Druck des Strebens und vor uns stünde die Möglichkeit, das Gesuchte in der Stille zu finden.

Wenn uns dieses Gefühl von Weite und Offenheit, dieses Gespür für die Liebe, ohne Grund zufiele, wenn es nicht einträte, weil wir dies tun oder jenes, so fiele uns eine schwere Last von den Schultern. Dann wären wir befreit vom Zwang, tun und suchen zu müssen. Um Liebe zu finden, wären wir nicht länger auf einen anderen angewiesen, der uns Liebe schenkt. Die Liebe würde bereits zu unseren Gaben zählen. Wir würden leben wie ein Fisch im Wasser. Selbst wenn wir das wollten, könnten wir ihr nicht ausweichen. Die einzige Möglichkeit, der Liebe zu entgehen, würde darin liegen, nach ihr zu streben. Denn solange wir nach einem anderen suchen, der uns Liebe schenkt, entzieht sich uns die Liebe.

Der Sufimystiker und Dichter Dschelauddin Rumi sagte vom Menschen, er verhalte sich wie ein vom Durst getriebener Fisch im Wasser. Verzweifelt zappelten wir auf unserer Suche durchs Wasser, doch alles, was wir zu tun hätten, sei zu schwimmen, denn Schwimmen sei der naturgegebene Ausdruck unseres Seins.

Doch wir sind fixiert auf die Vorstellung, da müsse ein anderer Mensch sein, in dessen Armen wir die Liebe empfangen werden. Mit unserem ganzen Wesen glauben wir, die Liebe zu finden, indem wir einen anderen Menschen finden. So lässt sich die Liebe aber eben nicht finden. Was sich so finden lässt, ist eine hoffnungslos löchrige Projektion, ein Bild der Unmöglichkeit. Wir haben einen anderen Menschen gefunden, der uns gewiss nicht geben kann, was wir bereits haben, was wir stets hatten und was wir stets haben werden. Gefunden haben wir eine Verdüsterung unseres Sehvermögens, das Vergessen der uns innewohnenden Liebe, der überwältigende Schlaf all unserer Konditionierungen.

Nicht Liebe haben wir gefunden, sondern Enge. Die unerhörte Weite des Universums haben wir auf die Größe einer Blase schrumpfen lassen, die gerade Platz lässt für dich und mich. Da hocken wir in ihrer Mitte, und alles, was wir zu sehen bekommen, ist die eigene Gestalt als Reflexion auf der Innenwand der Blase. Diese kleine heile Welt ist vollkommen, genau das, was wir uns immer erträumt haben. Die Blase umfasst alles und jedes. Und dann platzt sie.

Die Sucht nach Trennung

In der Liebe beginnt man stets damit, sich selbst zu täuschen und endet damit, andere zu täuschen. Das ist es, was die Welt eine romantische Affäre nennt.
Oscar Wilde

In jeder Art von Beziehung, die wir eingehen, sei es in der Familie, bei der Arbeit oder im Bekanntenkreis, beschäftigen wir uns hauptsächlich damit, anderen gegenüber unsere Grenzen zu betonen und aufrechtzuerhalten. Zunächst empfinden wir jede Verbindung als etwas ganz Besonderes. Doch dann geht diese Qualität rasch verloren, die Differenzen treten hervor und schließlich überblenden sie die Verbundenheit.

Untersuchen wir doch, wie Beziehungen überhaupt entstehen, indem wir eine bestimmte Art von Beziehung unter die Lupe nehmen.

Wir alle kennen wohl das Gefühl, wie es ist, wenn man sich frisch verliebt. Zunächst erfüllt uns gedankenlose Leidenschaft, wir erschauern vor trunkener Liebe und jegliches Urteilsvermögen geht verloren. Wir wissen, dass solche Liebe blind macht, doch sie macht Spaß. Wir wissen, dass dieses Gefühl nicht vorhält, doch was schert uns die Zukunft. Das ist das erste Stadium einer Beziehung.

Das zweite Stadium beginnt, wenn sich die Verliebtheit institutionalisiert. Wir gehen eine Ehe ein oder leben in einer festen Beziehung. Das Gefühl der trunkenen Leidenschaft haben wir mit beiden Händen gepackt und wir sind wild entschlossen, dieses Gefühl so schnell nicht wieder herzugeben. Das beteuern wir, indem wir miteinander kämpfen. Wir streiten und wir versöhnen uns. Spannung tritt auf, es kommt zu Streit und Unverständnis, doch wir halten die Beziehung am Laufen. Gut möglich, dass wir den Konflikt verinnerlichen und die Spannung schlürfen wie einen guten Tropfen Wein, wozu wir dem Partner unser glücklichstes Lächeln schenken. Wir tun, als sei alles zum Besten bestellt. Ist es aber nicht.

Die Anziehungskraft dieser Phase liegt in der Spannung. Spannung liegt in der Luft. Sie gibt uns ein Gefühl von Beständigkeit und verfestigt die Grenzen des Ichs, die zuvor im Stadium der gedankenlosen Leidenschaft ins Wanken gekommen sind. Spannung bestätigt unsere Bedeutung in der Welt und sie gibt uns das Gefühl, Aufmerksamkeit zu erhalten.

Wenn Spannung sich aufbaut und löst, wenn wir streiten und uns wieder vertragen, wenn wir kämpfen und Liebe machen, wenn wir uns dem anderen vorenthalten und uns dann wieder schenken, so gewinnen wir dadurch ein Gefühl von gesteigerter Lebendigkeit. Mit der Zeit hängen wir an diesem Stadium der Beziehung und unbewusst geben wir unser Bestes, es aufrechtzuerhalten.

Aus unzähligen populären Psychologiebüchern erfahren wir, es gebe einen Weg, der über den Zustand des Streits hinausführe zu so etwas wie einer reifen Beziehung. Uns wird empfohlen, dass wir feste Abmachungen eingehen und Verträge abschließen.

Oder wir legen uns Techniken zu, um ins Stadium der gedankenlosen Leidenschaft zurückzukehren, Tipps und Tricks, wie sich das Feuer in die Zweierbeziehung zurückholen lässt.

Selbstverständlich ist das, was uns die populären Psychologiebücher erzählen, nicht wahr. Schon beim Kauf dieser Bücher wissen wir das. Wenn auch nur ein einziger dieser simplen Ich-fühl-mich-gut-Sprüche wahr wäre, so würden wir sie doch alle befolgen und wären endlos und im Überfluss glücklich bis in alle Ewigkeit.

In Tat und Wahrheit wollen wir gar nicht, dass auch nur eines dieser Rezepte funktioniert. Denn wir mögen die Spannung. Ohne Spannung würden wir in das dritte Stadium von Beziehungen eintreten. Hier ist die Spannung nicht gelöst, sie hat sich verbraucht.

So sehr werden wir zum Teil des anderen, dass die Grenzen der Individualität sich dabei verwischen. Das dritte Stadium ist nicht mehr die leidenschaftliche Liebe. Nun kennen wir den anderen. Wir stehen nicht mehr im Konflikt. Mittlerweile sind wir zum anderen geworden. Dieses Stadium wird von uns, da wir auf Konflikt konditioniert sind, als nicht sehr aufregend empfunden. Wir sind durch Kultur, Biologie und Erfahrung dazu konditioniert, uns in einer Beziehung nach Spannung zu sehnen. Die ruhige Energie des dritten Stadiums voller Möglichkeiten empfinden wir als zu unscheinbar und zu fein, als dass wir sie zu schätzen wüssten.

Ganz im Gegensatz dazu steckt diese dritte Phase voller Dynamik. Die Energie der Beziehung wird nicht mehr für die Bildung und Auflösung von Grenzen verwendet. Denn da ist kein Gegenüber mehr, mit dem man kämpfen könnte. Der andere ist zu einer Erweiterung unserer selbst geworden. Wir sträuben uns so sehr gegen diesen Zustand der dynamischen Langeweile, dass wir instinktiv damit beginnen, diesen Raum in unserer Beziehung mit Uneinigkeit und Konflikt zu füllen. Neurosen erblühen und füllen den frei gewordenen Platz auf. Und wieder fühlen wir uns lebendig. Wir fühlen unsere Grenzen, unsere Definitionen, unsere Individualität. In diesem Rahmen fühlen wir uns sicher.

Im Stadium der gedankenlosen Leidenschaft haben wir keine Kontrolle. Im Stadium der Langeweile ist keiner mehr da, den wir kontrollieren könnten. Einzig im zweiten Stadium der Beziehung, dem Zustand des Konflikts und der Grenzstreitigkeiten, können wir unsere Beziehung tatsächlich kontrollieren. Dort liegt der Ursprung unserer Sucht, der Sucht nach Trennung, begraben.

Erst durch Erschöpfung wird ein Weg frei aus dem endlosen Kreis von Spannung und Erleichterung, aus der Sucht nach Trennung. Solange die Versuchung uns lockt, kann die Sucht nicht zur Ruhe kommen, denn die der Sucht zugrunde liegende Struktur ist eine geteilte Welt mit der Versuchung einer ihrer ureigenen Blüten.

Jede Art von Beziehung, jeder Versuch, mit der Welt um uns in Verbindung zu treten, wird eingeschränkt durch die Sucht nach Trennung.

Sucht kann von einem Objekt auf ein anderes übertragen werden. Kaffee kann gegen Zigaretten eingetauscht werden. Sucht kann sublimiert werden. Wir können die Sucht nach Sex aufgeben und die Energie stattdessen auf ein Streben nach Macht und Geld ausrichten. Sucht kann unterdrückt werden. Wir können probieren, der Versuchung mit religiösem Eifer zu widerstehen.

Oder wir geben uns der Sucht hin. Wir können einfach nachgeben und die Schussfahrt genießen bis zum nächsten großen Absturz. Ohne ein umfassendes Verständnis der Dualität, der Aufteilung der Welt in Schwarz und Weiß, lässt sich Sucht nicht überwinden. Das Problem ist diese Aufteilung, das Gefangensein zwischen Sollen und NichtSollen, Gut und Böse, Süchtiger und Sucht, Subjekt und Objekt.

Unsere Sucht gilt uns selbst. Wir sind süchtig nach der Vorstellung eines «Ich» mitten in einer Welt von Objekten. Obwohl wir es uns nicht erlauben, diese Struktur einer ichbezogenen Welt von Grund auf in Frage zu stellen und dieses Konzept auf seine Gültigkeit hin zu überprüfen, verwenden wir doch unsere gesamte Energie zur Aufrechterhaltung dieses Weltbildes.

Wir wachen auf und sehnen uns nach dem Zustand des Getrenntseins. Wir waschen uns das Gesicht mit Wasser und versichern uns mit einem Blick in den Spiegel der Unterschiede zu den anderen Menschen. Wir kleiden uns auf eine Weise, die unsere Einmaligkeit unterstreicht. Wir gehen arbeiten, um unseren Einflussbereich abzusichern. Wir machen anderen den Hof und bestätigen damit unsere Überlegenheit und Verführungskraft. Wir leben alle schön vereinzelt in den eigenen vier Wänden und erfreuen uns der Freiheit, aus verschiedenen TV-Programmen unsere eigene individuelle Wahl treffen zu können.

Das ist die Sucht nach Trennung.

Um dem ein Ende zu setzen, haben wir es mit einem kalten Entzug versucht, wir wollten mit der Gewohnheit brechen, aus dem Zwang zur Wiederholung aussteigen.

Wir treten einer Religion bei, gesellen uns Leuten zu, mit denen wir dasselbe Gottesbild gemein haben, mit denen wir einig gehen in der Form, wie unser Gott angebetet werden soll und was Gut und Böse ist. Nun sind wir erleichtert und von der Sucht befreit, denn nun sind wir von den anderen nicht mehr länger getrennt. Doch dann gehen wir an einer Kirche oder einem Tempel vorbei, in denen wir Leute sehen, die an etwas anderes glauben. Wie sind wir doch froh, dass wir in unsere Kirche gehen, dass wir das glauben, was wir glauben, und dabei den «richtigen» Gott verehren. Diese Trennung von den anderen, die dem «falschen» Glauben anhängen, verleiht sie uns nicht ein gewisses Maß an Sicherheit? Die Sucht ist zurück, es ist die Sucht nach Trennung.

Wir wollen ausbrechen und die Sucht hinter uns lassen. Wir finden einen Menschen, den wir lieben. Wir lassen uns gehen und erleben die Euphorie einer Beziehung. Endlich sind wir frei. Wir haben einen Menschen gefunden, der in jeder Hinsicht perfekt ist – abgesehen von diesen dummen kleinen Gewohnheiten, die er hat: Wenn er nachdenkt, kaut er am Ende seines Bleistifts. Und sie, sie ist in Sachen Geld etwas unausgeglichen. Gut, eigentlich ist sie mit Geld sehr neurotisch. Also da hat sie ein rechtes Problem. Und seine Katze – wir sind allergisch auf Katzenhaare. Und in letzter Zeit sind wir häufig deprimiert. Tatsächlich läuft diese Beziehung gar nicht so gut, wie sie eigentlich begann. Vielleicht ist es an der Zeit, über eine Trennung nachzudenken. Eine Trennung würde die vielen Probleme auf einen Schlag lösen. Ein rascher, radikaler Schnitt. Vielleicht auch eine Trennung im großen Stil.

Die Sucht ist wieder da.

Wir tratschen über Freunde, haben eine unverwechselbare politische Position. Wir beklagen uns über die Arbeit, über den Vorgesetzten, über das Leben. Als ob uns das in irgendeiner Beziehung weiterbringen würde. Im Namen elterlicher Fürsorge manipulieren und kontrollieren wir unsere Kinder. Wie besessen scheffeln wir Geld, als ob Reichtum Sicherheit verschaffen würde. Und wenn Mittellose, Kranke, Alte oder Verwirrte unseren Weg kreuzen, blicken wir zur Seite. Wenn uns Wegschauen dem Seelenfrieden näher bringen würde, wären wir die seligsten Menschen der Welt. Jede Begegnung mit der Welt vertieft unsere Annahme, wie sehr wir von ihr verschieden sind. Wir erschaffen uns einen Ort, von dem aus wir das Leben um uns herum beobachten. Von diesem vermeintlich sicheren Standpunkt aus sehnen wir uns nach genau dem Leben, von dem wir meinen, es laufe ohne unsere Beteiligung ab.

Am Ende des Verlangens

Die Dinge werden besser trotz all unserer Anstrengungen, mit denen wir sie verbessern wollen.
Will Rogers

Ein Süchtiger blickt auf das ersehnte Objekt und sagt: «Ich will», und zugleich sagt eine Stimme in ihm: «Ich soll nicht.» Der Widerspruch zwischen diesen zwei Aussagen lässt sich lösen, wenn er der Sucht nachgibt. Doch schon bald steckt der Süchtige erneut im altbekannten Dilemma zwischen «Ich will» und «Ich soll nicht». Und wieder gibt er nach.

Was geschieht, wenn wir einen Entzug machen und uns einer Suchttherapie unterziehen? Durch den Entzug tritt die Botschaft «Ich soll nicht» so stark in den Vordergrund, dass das «Ich will» dahinter verblasst. Der Süchtige hat sich vom Nachgeben befreit. Doch dafür zahlt er den Preis, das «Ich will» in sich verdrängt zu haben und diesen Trieb rigoros zu unterdrücken. Der Süchtige hat sich von seiner zerstörerischen Gewohnheit befreit, doch hat er sich in seinem Ausdruck eingeschränkt. Er fühlt sich unausgefüllt und traut sich nicht, sich zu offenbaren. Was nun vorliegt, ist eine Sucht nach dem «Ich soll nicht», und der Süchtige erliegt dieser Abhängigkeit genauso häufig, wie er einst dem Verlangen nachgab.

Was geschieht, wenn wir uns des Konflikts entledigen, indem wir das «Ich soll nicht» ablegen? Dann bleibt «Ich will» übrig. Das «Ich will» ist es, welches uns dazu antreibt, anzuschaffen, zu besitzen und zu konsumieren.

Dieser Trieb ist egozentrisch, und sobald kein «Ich soll nicht» mehr da ist, wird die Umwelt vergessen. «Ich will» ist unersättlich, es nimmt und nimmt. Endlos gibt es dem Verlangen nach, ohne je erfüllt zu sein. Es verschlingt bis zum Überfressen. Überfrachtet vom Gewicht der Exzesse, bricht es in sich zusammen.

Und nun nehmen wir auch noch das «Ich» aus dem «Ich will» heraus, das heißt, wir entlassen die Perspektive aus ihrem Bezug auf ein Zentrum und befreien den Antrieb von der Bindung an die Person. Wenn das Verlangen ohne «Ich» dasteht, so fehlt ihm die Richtung. Es will, doch es weiß nicht, was verschlingen. Und da wir das «Ich» entlassen haben, gibt es auch kein «Ich soll nicht» mehr.

Das Verlangen mündet nun nicht mehr in die Hingabe, liegt sein Kern doch beim Wollen und nicht beim Haben. Seinem Wesen nach verlangt es nach Wollen, nicht nach Erfahrung. Für das Verlangen gibt es weder Zukunft noch Vergangenheit. Es kann sich nicht daran erinnern, was es sucht, und schon gar nicht, warum es sucht. Es beruht nicht etwa auf einer Leere, die nach der Fülle strebt, und dann ist es gut. Verlangen ist nicht etwa Niedergeschlagenheit, die nach Glück dürstet. Verlangen ist auch nicht Einsamkeit, die nach Beziehung schreit. Verlangen ist Verlangen, nichts weiter, das aber ohne Ende.

Mit dem Verlangen lässt sich eigentlich nichts tun – auch nichts dagegen. Das Verlangen ist da, und es existiert aus sich selbst heraus.

Aus dem Wechselspiel von «Ich will» und «Ich soll nicht» haben wir den Süchtigen von der zweiten Aussage befreit und gesehen, dass er dann in der Selbstzerstörung endet. Aber wir haben darüber hinaus auch noch das «Ich» entfernt, und dadurch sind wir in einen Raum gelangt, in dem das Verlangen zwar weiter besteht, in dem es aber wirkungslos bleibt. Ohne Personifizierung ist es ohne Ausdruck und ohne Macht. So richtet es keinen Schaden mehr an.

Wir stellen fest, dass die Ursache von Sucht nicht im Verlangen liegt, sondern in uns selbst.

Nicht das Verlangen ist das Problem, wir sind es.

Einem Verlangen ohne Identifikation, ohne «Ich», fehlt die treibende Kraft. Sucht ohne Süchtiger hat keine Gestalt, um sich zu manifestieren. Also braucht sie auch nicht unterdrückt zu werden.

Wenn das Zentrum, das «Ich», vom Schlachtfeld der Sucht abtritt, gibt es keinen Kampf mehr. Der Konflikt zwischen «Dürfen» und «Nicht dürfen» besteht weiter, doch gibt es nichts mehr, das diesem Konflikt neue Nahrung zuführte.

Von diesem Punkt aus läuft Sucht ins Leere und erschöpft sich. Genauso ergeht es dem «Ich».

Die transzendentale Beziehung

Wahre Liebe ist wie ein Gespenst:
Alle reden darüber, kaum einer hat
es gesehen.
François de La Rochefoucauld

Die Vorstellung, eine Beziehung durchlaufe verschiedene Stadien, ist nicht mehr als das: eine Vorstellung. Solche Vorstellungen machen es uns möglich, über Beziehung zu reden, die Beziehung selbst ist es nicht. Sprache ist nicht das, was sie beschreibt. Vielmehr stellt sie Symbole und Zeichen zur Verfügung. Gut möglich, dass sich daraus zutreffende Beschreibungen ergeben, mindestens so häufig entsteht aber auch ein verzerrtes, von Absichten geprägtes und verwirrendes Abbild der Wirklichkeit.

So sehr lieben wir die Worte und Vorstellungen, dass darüber die direkte Erfahrung, die sie abbilden sollen, vergessen wird. Konzept türmt sich auf Konzept. Schließlich haben wir die Berührung mit dem Leben, ein Kontakt, der einmal frisch und vital war, eingetauscht gegen ein auswendig gelerntes Wiederkäuen abstrakter Gedankengebäude.

Wenn wir nun also von «drei Stadien einer Beziehung» sprechen, so bitte ich darum, solche Begriffe zwar zu benützen, sie aber gleich wieder zu vergessen. Errichten wir aus Begriffen keine Altäre! Besser verbrennen wir sie und streuen die Asche in den Wind. Oder, noch besser, wir lassen sie liegen, auf dass sich die Geier ihrer annehmen.

Sollten Begriffe es uns erlauben, damit nicht nur ein Phänomen zu beschreiben und neue Konzepte aufzustellen, sondern auch einen Blick auf die tiefer liegende Struktur des Lebens zu erhaschen, so wollen wir zufrieden sein. Wenn das nicht gelingt, rate ich, die Sprache über Bord zu werfen. Dann hat sie ihren Dienst getan und wir brauchen sie nicht länger in Anspruch zu nehmen.

Wir können versuchen herauszufinden, in welchem Stadium von Beziehung wir gerade sind, in welchem Stadium wir sein sollten und in welchem Stadium wir sein werden – wenn wir nur schon wüssten, in welchem Stadium wir sein sollten! In Tat und Wahrheit befinden wir uns nur in einem Stadium, dem Stadium der Verwirrung.

Es ist ein Fluch unseres Daseins, dass uns die Tendenz eigen ist, Sprache mit Tatsächlichem zu verwechseln. Beziehungen haben aber nichts mit Sprache, nichts mit Namen und Konzepten zu tun. Beziehungen lassen sich nicht analysieren. Beziehungen lassen sich auch nicht kontrollieren. Immerzu stehen wir in Beziehung, doch unsere Wahrnehmung ist derart getrübt, dass wir diese einfache Tatsache nicht zu erkennen vermögen.

Falls wir darauf besonders aufmerksam sind, falls wir einfühlsam und offen sind, mögen wir diese Tatsache für uns entdecken: Unablässig sind wir in Beziehung.

Sollten wir das noch nicht entdeckt haben, sollten wir diese grundlegende Tatsache nicht in unserem Dasein unablässig erfahren, so sind wir die Opfer einer mächtigen Verzauberung geworden. Wir klemmen fest zwischen Sprache, Konzept und Denken. Wir leben, als seien wir lebendig Begrabene des eigenen Gehirns.

Wir denken das Leben, doch wir leben es nicht. Wir denken Liebe und wir denken Beziehung, doch wir leben sie nicht.

Und jetzt denken wir an die Probleme, die aus all diesem Denken erwachsen.

Wir greifen zu einem Selbsthilfebuch, konsultieren ein Buch mit spirituellen Ratschlägen, ein religiöses Buch. Wir beschaffen uns solche Literatur und hoffen, sie biete eine Ausstiegshilfe aus der Enge der Gedankenwelt. So lesen wir etwas über Einssein und finden, dass das recht interessant klingt.

Wir denken, darüber sollten wir mehr lesen. Und dann kommen wir zu diesem Satz. Wir sind nicht sicher, wohin das alles führen mag. Aber wir denken, dass, wenn wir mehr lesen, wir es irgendwie herausfinden werden.

Das führt nicht weiter.

Das Denken führt nicht weiter als immer wieder in die bruchstückhafte Wiederholung seiner eigenen isolierten Enge.

Spreng es in die Luft! Schmeiß es weg! Nimm dieses Buch, reiß Seite für Seite heraus bis zu diesem Satz und wirf sie alle weg! Entledige dich jetzt auch dieser Seite, sitz wenigstens eine Minute lang still und lass ab von der Besessenheit des Denkens.

Wir lesen weiter mit frischen Augen und offenem Geist. In dieser Frische haben wir die Vergangenheit, die Gedanken daran, das Denken überhaupt, hinter uns gelassen und sind in Beziehung getreten. Dies ist keine Verbindung von einer Person zu einer anderen, nicht die

Beziehung eines Egos zu einem Objekt seiner Begierde, dahinter steckt nicht Angst vor der Welt, die wir versuchen, unter Kontrolle zu bringen.

Diese Beziehung ist transzendental. Sie ist die Anerkennung und der Ausdruck einer Energie von Bewusstsein und Raum, in der wir und der andere in derart weitreichender Verbindung existieren, dass es nichts darin gäbe, was uns wirklich auseinander halten könnte.

Eine Mutter, die ein neugeborenes Kind an der Brust stillt, wie wollte sie sagen, wo das Leben des Kindes aufhört und wo das eigene Leben anfängt. Im Schreien des Kindes wirkt dieselbe Energie wie in der Reaktion der Mutter, die darauf eingeht und das Kind beruhigt. Die Offenheit und Arglosigkeit des Kindes spiegelt das Herz der Mutter.

Ein Liebender, der aus ganzem Herzen liebt, ein Guru, der mit seinem ganzen Wesen den Weg verkörpert, ein Lehrer, der aus seiner Mitte heraus lehrt, Eltern, die mit Leib und Seele erziehen – und dann lassen sie los. Das sind Beispiele von Beziehung.

Nach solchen Beziehungen sehnen wir uns. Erfüllt von Offenheit sollen sie sein, frei von Hinterlist und Rüstung. Wir wollen verletzlich sein, voller Vertrauen, den anderen erkennen und selber erkannt werden, ineinander verschlungen und grenzenlos. Sowie wir eine solche transzendentale Beziehung erfahren, entgleitet sie uns auch schon wieder. Kaum erleben wir sie, wollen wir sie auch schon festhalten. Doch Beziehung ist der Zustand unseres Daseins, das wir von Natur aus sind. Sobald das Denken verebbt, wird offensichtlich, wie alles mit allem in Beziehung steht. Dann aber tritt das Denken auf den

Plan, die Mitte um unser Ich, teilt das Erfahrene ein, nimmt es auseinander und versucht die Schönheit in seinen Griff zu bekommen.

Uns betört der Anblick eines seltenen Schmetterlings. Nachdem wir mit einen Blick dessen Schönheit erkannt haben, pirschen wir uns an ihn heran, schnappen ihn, stechen eine Nadel durch seinen Leib, um ihn zu behalten, und befestigen ihn, mit einem lateinischen Namen versehen, an der Wand. Da hat sich uns spontan Schönheit offenbart. Sie zeigte sich frei, von keinem besessen, unkontrolliert. Wir haben sie gefangen, und jetzt haben wir an der Wand ein totes Ding.

Wie kommen wir bloß darauf, einen Augenblick unbegreiflicher Schönheit einzutauschen gegen den stumpfen Anblick eines toten Symbols, gegen einen Artefakt, einen Begriff, ein Konzept?

Wir können Sprache dazu verwenden, um dem näher zu kommen, was über Sprache hinausgeht. Wir können Sprache benutzen, um uns über etwas lustig zu machen. Und wir können Sprache so verwenden, wie ein Dichter sie verwendet, wie ein Vogel sein Lied singt. Doch vergessen wir dabei nicht, dass Worte nichts als Worte sind, dass sie uns in der Wirklichkeit nirgendwohin bringen und sich jede Bewegung, die sie bewirken, immer nur in unserem Denken abspielt.

Um zu dieser Form des Bezogenseins zu gelangen, brauchen wir nichts zu tun. Weder brauchen wir etwas zu wissen, noch etwas zu lernen. Dort sind wir bereits, hier und jetzt. Dem stets tätigen Geist fällt es schwer, das auf einen Begriff zu bringen. Um es unserem Geist zu ermöglichen, hier überhaupt noch mitzukommen, behaupten wir, auf Hilfe angewiesen zu sein. Wir greifen zu Büchern, wenden uns Lehrern zu, belegen Kurse in Wundern von noch was. Wir studieren Bücher über eine Philosophie, die uns helfen soll, das Nichts zu begreifen. Und allmählich kommen wir der Sache auf die Spur. Wir strengen uns an, denken weiter. Das neue Konzept beginnt, Sinn zu machen. Schließlich verstehen wir nichts. Es erleichtert uns ja so, ein Konzept zu haben, an dem wir uns festhalten können. Selbst wenn es nichts ist, so ist es doch wenigstens etwas.

Dank Studieren und Praktizieren, vielleicht auch dank göttlicher Gnade oder dank der Gnade eines Gurus haben wir es bald begriffen. Unser Konzept geht auf. Wir können es Freunden und Verwandten erklären. Wir können es anderen beibringen. Die neue Lehre wird uns Einfluss verschaffen, Ansehen und Sicherheit. Und, wer weiß, vielleicht gelingt es uns mit der neuen Lehre von der transzendentalen Beziehung, einen anderen dermaßen zu beeindrucken, dass wir mit ihm als Partnerin oder Partner einer gute Beziehung zustande bringen.

Nun haben wir eine Lehre, einen neuen -ismus, eine neue -sophie. Gott sei Dank, denn damit sind wir gerettet. Und wenn es in der neuen Lehre keinen Gott gibt, so danken wir den Sternen, dem Karma oder Gaia. Doch wo ist unser Platz in diesem System? Stehen wir tatsächlich dort, wo wir unseren Vorstellungen gemäß sein sollten? Oder hocken wir wieder in der Blase? Sitzen wir wieder am Rande des Teichs und bewundern die Spiegelung der eigenen Gedanken?

Finden wir heraus, wo wir sind! Entledigen wir uns heute aller Konzepte, verschaffen wir uns ein freies

Blickfeld und legen die Konzepte auf ein Regal, von wo sie sich bei Bedarf leicht wieder holen lassen.

Und damit beginnen wir einen neuen Tag.

Was sollen wir anziehen? Was sollen wir sagen? Sind wir heute glücklich? Sind wir traurig? Sind wir erfüllt? Wie läuft's denn so im Leben?

Ohne Konzepte, ohne Glaubensmuster sind wir verloren. Uns fehlt ein fester Punkt, auf den wir uns beziehen können. Ohne Vorstellungen, die uns die Sicht verstellen, haben wir keinen Standpunkt mehr. Da ist kein Blickwinkel mehr, kein Standpunkt, von dem aus wir «sein» können. Nicht einmal orientierungslos oder verschreckt werden wir, denn auch hierzu fehlen uns die Konzepte.

Oliver Wendell Holmes, Bundesrichter der USA, saß im Zug, als er bemerkte, dass er seine Fahrkarte zu Hause liegen gelassen hatte. Der Schaffner reagierte äußerst entgegenkommend. Er sagte: «Gewiss kann die Bahn Ihnen vertrauen. Stellen Sie uns Ihre Fahrkarte einfach später zu.»

«Geschätzter Herr», entgegnete Holmes, «die Fahrkarte ist nicht das Problem. Es geht hier nicht darum, wo meine Fahrkarte steckt. Mein Problem ist: Wohin geht die Reise?»

Tatsächlich, wohin geht die Reise? Wir haben nichts, und das ist, was wir immer schon hatten. Uns fehlen Standpunkt und Blickwinkel, doch da ist Raum. Obwohl wir uns darum bemühen können, diesen Raum in ein Konzept hineinzupacken, ist er kein Konzept.

Der Raum ist leer, frei von Konzepten, frei von uns.

Dieser Raum übersteigt unser Fassungsvermögen, weil er all unsere Konzepte übersteigt. Dieser Raum verbindet uns, denn in ihm ist alle Wirklichkeit enthalten, frei von jedweder Vorstellung und Begrifflichkeit, die wir dafür verwenden mögen.

Wir haben uns im Nichts verloren, und wir haben gesehen, dass unsere Existenz bloß ist jedweder Zuschreibung außer der einen: der gegenseitigen Verbundenheit. Wir sind nicht in Beziehung, wir sind Beziehung. So erfüllt uns eine Ahnung, dass dies die Wahrheit des Daseins ist. Und so war es immer schon, ob wir es einsehen oder nicht.

Das verändert die Wahrnehmung von Beziehung zu einem anderen Menschen grundlegend. Denn da ist weder Anfang noch Ende. Es macht keinen Sinn, sich nach einer Beziehung umzusehen; denn da ist nichts zu sehen, was nicht bereits in Beziehung steht. Eine Beziehung kann uns nichts geben; denn wir haben bereits alles. Da ist weder Ziel noch Aufgabe, nichts zu finden, nichts zu tun.

Gedanken steigen auf: Und was ist mit mir? Wo sind meine Konzepte geblieben? Ah, gut, hier sind sie. Was für eine verrückte Erfahrung ich da eben gemacht habe. Das war tief und berührend. Von nun an werde ich wohl glücklich sein. Das war doch immerhin eine ganz außergewöhnliche Erfahrung.

Das Denken ist zurück.

Wach auf! Die Liebe schläft nicht. Wir sind es, die schlafen.

Angst: der Kollaps der Trennung

Jede Leidenschaft strebt nach dem, was sie am Leben hält: Angst sucht die Nähe einer drohenden Gefahr.
Joseph Joubert

Nur weil es sie außerhalb unserer Weltsicht gar nicht gibt, bricht Trennung noch lange nicht in sich zusammen. Unsere Sicht der Dinge nährt die Idee der Trennung, indem wir sie uns wieder und wieder vor Augen führen.

Durch den Bereich der Emotionen, durch Wut, Zorn, Angst, Glück und alles Weitere, tritt das Denken mit seiner Umwelt in Beziehung. Durch die stete Projektionsleistung unseres Denkens erwächst eine Trennung von der «Welt da draußen». Daraus entsteht eine seelische Mitte als stetig sprudelnder Quell von Gedanken und Empfindungen über eine Welt, zu der sie in Beziehung steht. Doch wo ist diese Welt? Und wo ist die Mitte?

Diese Mitte, unser Selbst, steckt ihren Bereich ab durch Angst. Wir wissen, wo wir sind, weil wir wissen, wovor wir Angst haben. Angst ist es, die festlegt, was zu uns gehört, worauf wir uns verlassen können, was uns nicht bedroht. Sie bestimmt, mit wem wir uns zusammentun, wer unsere Kinder sind, unsere Familie, unsere Freunde. Außerhalb des von der Angst abgesteckten Bereichs lauert das Unbekannte. Dort steckt, was wir unter keinen Umständen sehen wollen, was wir weder berühren noch versuchen dürfen. Wer ihm nicht widersteht, wird davon zerstört. Unser Geist ist gelähmt vor Angst darüber, was geschehen könnte, wenn wir uns dem Unbekannten näherten. Es ist schrecklich, furchtbar, unbeschreiblich, fürchterlich und eben unbekannt.

Warum nur versetzt uns das Unbekannte in Angst und Schrecken? Auch das Unbekannte ist nicht, was es zu sein scheint. Nicht einmal wirklich unbekannt ist es. Denn was wahrhaft unbekannt ist, hätte nicht die Eigenschaft, in unserem Geist irgendein Gefühl hervorzurufen. Wirklich Unbekanntes kann keine Furcht erzeugen. Was ist es dann, das all die Furcht hervorbringt, die unser Leben so sehr bestimmt?

Unser Geist projiziert in das Unbekannte, diese Nullmenge, was die Angst ihm einflüstert. Aus einer dunklen Kammer unseres Geistes projizieren wir die gesammelten Erinnerungen an all unser Versagen, unsere Verletzungen und unseren Schrecken. Was haben wir da also anderes vor uns als das Bekannte. Was ist dieses so genannte Unbekannte anderes als eine Litanei von Vergangenem, mit dem wir versuchen, in der Zukunft zurechtzukommen? Wir ertragen den Gedanken an dieses Unbekannte schlecht, nicht etwa, weil wir vor der Leere stünden, sondern weil uns daraus das nur allzu Bekannte entgegenblickt. Dieses scheinbar Unbekannte ist bis oben hin angefüllt mit uns selbst, und das ist es, was uns Schmerzen bereitet.

Wir sind Gefangene dieses Schmerzes und wir sind Gefangene der Projektion unserer Schmerzen ins Unbekannte hinein. Jede Veränderung wird uns Schmerzen bereiten, so zumindest stellen wir uns das vor. Verändern wir uns nicht, so wird auch das wehtun. Doch das wird wenigstens ein Schmerz sein, mit dem wir vertraut sind, die Art von Schmerz, mit der wir uns identifizieren. Eine Frau, die geschlagen wird, aber nicht willens ist, ihren Mann zu verlassen, ist das deutlichste Beispiel dafür, wie sehr wir bereit sind, einen uns vertrauten Schmerz hinzunehmen und uns damit zu identifizieren. Allesamt sind wir doch eher bereit, mit einem Konflikt zu leben, der uns vertraut ist, als etwas Neues zu erproben und in eine uns nicht vertraute Richtung aufzubrechen.

Wenn wir diesen Zusammenhang erkennen, vermögen wir einen ersten Blick zu erlangen auf das Wesen der Freiheit. Das Unbekannte ist das Tor zur Freiheit. Ein Leben in Freiheit ist frisch und belebend, ganz einfach, weil es nichts aus der Vergangenheit ist, keine Wiederholung des Bekannten.

Wir brauchen uns nicht zu entscheiden zwischen dem Schmerz des Lebens, wie wir es kennen, und der Angst vor dem Unbekannten. Der Schmerz der Gegenwart ist die Angst vor dem Unbekannten. Wer in seinem Leben das Unbekannte von Augenblick zu Augenblick begrüßt und es freudig umfängt, verschafft sich die Freiheit.

Vor einer lebendigen Verbindung mit der Welt um uns brauchen wir uns nicht zu fürchten, was wir vielmehr fürchten sollten, ist die enge Welt der seelischen und körperlichen Isolation, in der wir für gewöhnlich stecken, die uns ein reichlich wackliges Gefühl von Sicherheit verleiht.

Was passiert, wenn wir leben, wenn wir über den Tellerrand unserer Arbeitsstelle hinausblicken, wenn wir die lieblos gewordene Partnerschaft hinter uns lassen, wenn wir dem verzogenen Kind oder den überbordenden Ansprüchen der Eltern gegenüber unmissverständlich nein sagen? Wird uns ein grässlicher Tod ereilen, werden wir hungers sterben, verlieren wir das Dach über dem Kopf, wenn wir uns einem Leben zuwenden, dessen Grundlage aus Kreativität und Liebe besteht?

Die Angst macht uns glauben, dass wir sterben werden und verhungern müssen. Die Angst suggeriert uns, dass wir dereinst alt und krank sein werden und keiner sich um uns kümmern wird. Voller Angst haben wir jenes Leben in Freiheit, voller Gefühl und Leidenschaft, geprüft und als ungeeignet empfunden. Das Land der Freiheit ist kein Land, in dem Menschen leben könnten.

Tatsächlich ist es gerade umgekehrt: Das Land der Angst ist das Gebiet, in dem ein Mensch nicht leben kann. Die Angst muss von uns als untaugliches Gefühl verworfen werden und wir müssen ihr die Nahrung entziehen. Und doch erlauben wir diesem Gefühl, unser Leben zu bestimmen. Wir leben in der Resignation und die Angst zerfrisst uns die Seele.

Um der Angst entgegenzutreten, müssen wir dem Tod entgegentreten. Wer sich auf den Tod einstellt, wer dem Tod immer mal wieder ins Angesicht sieht und wer in der Gewissheit lebt, dass er stets um uns ist, hat sich von der Angst gelöst. Doch gerade das ist eben unsere größte Angst, das, was wir am allermeisten zu vermeiden suchen, wovor wir ein Leben lang weglaufen: die Angst vor dem Tod. Wohl wissen wir, dass wir sterben werden. Der Körper wird den Geist aufgeben. Der Besitz, den wir so beharrlich anhäuften und den wir so hartnäckig verteidigten, wird zu Staub zerfallen. Das Geld, für das wir gearbeitet haben, der Reichtum, zu dessen Mehrung wir uns manch eine Anschaffung verkniffen, das alles wird verteilt werden und sich auflösen. Eltern, Gattin oder Gatte, Kinder, Freunde, auch sie werden dereinst sterben. Das ganze bunte Treiben des Lebens bringt unweigerlich auch den Tod mit sich für alles, was wir besitzen, alles, was wir erreicht haben, und alles, was wir erfahren haben.

Der Tod kommt nicht einfach mit dem Ende des Lebens; er kommt in jedem Augenblick. Beobachten wir doch einmal genauer die Gedankengebilde, beobachten wir doch einmal unseren Geist, wie er fortwährend durch solche Gebilde Wirklichkeit hervorbringt. Die Gedanken steigen auf, und dann ziehen sie vorüber. Welten entstehen und vergehen. Betrachten wir das sorgfältig.

Genauso ergeht es uns mit der Angst: Sie ist ein Gefühl, das in uns entsteht und vergeht wie die Gedanken. Neben diesem Entstehen und der Anziehungskraft, die sie gelegentlich auf uns ausübt, hat sie keinerlei Substanz. Ohne diese Anziehungskraft, die wir ihr verleihen, ohne dass wir uns mit ihr identifizieren und an ihre Bedeutung glauben, hat die Angst keine Macht über uns und sie zerbröselt in die Leere eines friedvollen Geistes. Die Angst stirbt, die Angst vor dem Tod stirbt, wir sterben.

Das ist eine befreiende Erkenntnis, ein befreiendes Sterben. Nicht das Leben ist es, das wegstirbt, es sind unsere Schranken, mit denen wir das Leben in all seinen Ausdrucksformen eingrenzen. Wir selber und nicht zuletzt auch dieses Sterben sind Spielformen des Lebens. Aus der Asche unserer Angst steigt das Unbekannte empor als der wahre Ausdruck eines Lebens, das von Augenblick zu Augenblick neu erschaffen wird.

Mit dem Ende der Angst und mit dem Ende der Angst vor dem Tod kommt das Ende der Trennung. Wie könnten wir uns jetzt noch davor fürchten, dem Unbekannten zu begegnen? Wie könnten wir uns noch davor fürchten, einer unbekannten Beziehung zu begegnen, einer unbekannten Liebe? Es ist uns nicht mehr länger möglich, in Angst zu leben, in den engen Grenzen, in denen sie uns gefangen hält. Und es ist uns nicht mehr möglich, die Grenzmarken und Unterschiede auszumachen, mit denen uns die Angst zuvor so deutlich abtrennte zwischen uns und den anderen, zwischen unserer Familie und dem übrigen Teil der Menschheit, zwischen unserer Arbeitsstelle und dem übrigen Teil der Welt, zwischen unserem Gärtchen und der großen Welt darum herum. Wenden wir uns den Gedanken und Gefühlen in uns drin zu, so bemerken wir, dass keine Trennung mehr auszumachen ist zwischen Bewusstem und Unbewusstem, zwischen eigenständigen Einfällen und Gedanken, die man uns beigebracht hat, zwischen dem schließlich, das ganz und gar wir selber sind, und dem Kollektivgeist.

Ein Lebensentwurf als vereinzeltes Individuum, ein Leben, bei dem wir uns vormachen, dass wir als völlig unabhängiges Einzelwesen existieren, wird damit hinfällig. Und damit treten wir in eine radikale Kreativität:

Kunst ist, wie wir unser Leben führen, jeder Ausdruck der ungeteilten Lebensenergie wird zur Mitteilung von dem, was wir im fortwährenden Experiment unseres Lebens entdecken.

Angst hält dagegen, dass so etwas nicht gut gehen könne und den Bereich unserer Möglichkeiten bei weitem übersteige. Angst gaukelt uns vor, das Leben erfordere eine Existenzform, bei der jeder auf sich allein gestellt ums Überleben kämpfe. Doch der Angst haben wir nichts mehr zu entgegenzusetzen. Sie ist tot. Wir aber leben.

Liebe: die große Konfrontation

Riesig ist das Netz des Himmels;
weit gespannt sind seine Maschen,
und doch entgeht ihm nichts.
Tao-Te-ching

In einer Beziehung gibt es nichts Stärkeres als den Ausdruck von Liebe.

Stärke in einer Beziehung, so mögen wir denken, rühre daher, dass wir die Mängel des Partners mit kritischem Auge zu verzeichnen wissen. Und so verwenden wir in einer Beziehung viel Aufmerksamkeit darauf, die Verlogenheiten und Schwächen unseres Partners auszumachen. Diese Kenntnisse, so glauben wir, werden uns zupass kommen, wenn es darum geht, Macht über den Partner zu erlangen, ihn zu beschämen und zu kontrollieren.

Doch selbst der schwersten Kritik wird der Partner standhalten und er wird es schaffen, irgendwie damit zurechtzukommen. Die Anwürfe mögen ihn treffen und erschrecken, doch sein Kern als abgetrenntes, eigenständiges Wesen wird davon unbeschadet bleiben. Unser Selbst ist so beschaffen, dass es mit Lob wie mit Tadel klaglos fertig wird – Hauptsache, das Selbst bleibt im Mittelpunkt des Interesses.

Dies ist der Grund, warum sich eine endlose Zahl destruktiver Beziehungen am Leben hält und auch den wüstesten Streit unbeschadet zu überstehen vermag. Beide Seiten nähren sich an der Energie des Gegenübers. In einer Beziehung geht es ja nicht um Glück, Erfüllung oder Vereinigung, sondern um den Fortbestand eines «Ichs». Wie ein Parasit kümmert sich dieses «Ich» um seinen Wirtsorganismus nur insofern, als dieser am Leben bleiben soll, um den Parasit weiter zu ernähren.

Gerade daran erkennen wir die unübertreffliche Macht der Liebe. Wo sie zu ihrem Recht kommt, da ist sie allumfassend, alles einschließend und lässt sich nicht bewältigen. Die Schale des Selbst wird bei uns gesprengt so gut wie beim anderen. Liebe ist die stärkste Kraft überhaupt, und zugleich ist sie die gefürchtetste Macht. In ihr gibt es kein «Ich». Der Parasit geht ein, dessen Wirtskörper lebt auf.

Wie schaffen wir es bloß, dass wir es fertig bringen, an der Liebe vorbeizuleben? Sagen wir denn nicht, all unser Streben und Sehnen richte sich auf nichts als eben die Liebe? Alles würden wir hergeben, so behaupten wir, wenn wir dafür Liebe bekämen und sie leben dürften. Doch wir haben sie nicht und wir leben sie nicht. Wir vermeiden sie. Wir verbringen das Leben damit, gerade dem aus dem Weg zu gehen, das wir angeblich unbedingt wollen.

Wir gehen der Liebe aus dem Weg, weil sie Schluss macht mit der Autonomie. Unsere Begrenztheit wird von ihr in einem derartigen Maß ausgedehnt, dass es Grenzen schließlich gar nicht mehr gibt. Wir sind nicht länger wir selbst. Und schon gar nicht sind wir deutlich unterscheidbare Einzelwesen.

Wenn wir lieben, sind wir in Beziehung, und wenn wir in Beziehung sind, steht alles mit allem in Verbindung, alles ist Teil von allem. In der Liebe gibt es keine

Trennung, und doch ist es gerade die Trennung, die wir lieben. Von ihr können wir nicht lassen, obwohl sie uns letztlich zerstören wird.

Wagen wir einen kalten Entzug. Lassen wir ab von unserer Sucht nach Trennung. Das wird uns mit Entzugssymptomen konfrontieren. Wir werden Ausbrüche von kaltem Schweiß haben, wie ein Zwang wird uns ein Drang überkommen, uns vor den anderen zu verstecken. Doch wir werden uns einer radikalen Ehrlichkeit verschreiben und nicht eher nachlassen, bis wir nicht vollumfänglich wissen, wer wir sind. Das verlangen wir von uns selbst, und wir verlangen es von den anderen. Mit weniger werden wir uns nicht zufrieden geben.

Was geschieht? Wir haben einen flammenden Sturm der Wahrhaftigkeit ausgelöst, und alle Unwahrheit wird von ihm verzehrt. Die Falschheit unserer Welt beginnt zu zerfallen. Unsere Welt beginnt zu zerfallen. Wir beginnen zu zerfallen.

Sowie unsere Welt ins Wanken gerät, erhebt die Angst ihr Haupt. Sie lockt uns mit Sicherheiten, mit dem Rückzug eines kleinen Kompromisses, ein bisschen Nachgeben hier und eine Zugabe dort. Schließlich werden wir bedrängt von der Familie; unsere Partnerin, unser Partner klingen zunehmend bedrohlich und von den Freunden haben wir auch schon lange nichts mehr gehört. Die Angst flüstert uns ein, dass wir sehr bald sehr allein dastehen, wenn wir mit diesem Aufrichtigkeitsfimmel so weitermachen. Wir ducken uns und lenken ein: Also gut, dieser eine Kompromiss, auf den wird es ja eigentlich nicht ankommen. Mit dem können wir umgehen, das wird uns kaum beeinträchtigen.

Warten wir einen Augenblick, bevor wir diesen einen kleinen Kompromiss eingehen. Was wäre, wenn die Angst zuträfe und wir tatsächlich allein dastünden? Wie würde sich das denn wirklich anfühlen? Warum bringt uns dieses Gefühl immer wieder dazu, klein beizugeben und Abstriche zu machen?

Widmen wir uns doch Einsamkeit und untersuchen sie, bevor wir der Verlogenheit die Tür öffnen und sie in unser Leben einlassen. Wenn sie tatsächlich nicht zum Aushalten ist, so können wir uns später noch immer anpassen und uns in ein Leben der Kompromisse schicken. Die Familie wird uns verzeihen, unsere Partnerin, unser Partner wird uns wieder willkommen heißen, und die Freunde werden sich auch wieder melden. Wir werden uns zurückziehen können, heimkehren in die gemütliche Stube, und die Angst wird uns mit unüberhörbaren Signalen künftig davor bewahren, je wieder etwas mit der Aufrichtigkeit zu tun haben zu wollen.

Angeblich wollen wir Liebe. Zugleich ist uns aber auch bewusst, dass wir uns fürchten vor ihren Ansprüchen, ihrem Verlangen nach Wahrhaftigkeit und Integrität. Wir sagen uns, dass wir schrecklich einsam sein werden, sollten wir uns darauf einlassen, uns selber mit Aufrichtigkeit entgegenzutreten.

Lassen wir also diese Einsamkeit an uns heran. Erfahren wir sie.

Wenn es uns tatsächlich darum geht, die Schichten des Geistes zu durchschneiden und zur Schicht des Herzens vorzustoßen, werden wir nicht darum herumkommen, uns auf diese Einsamkeit einzulassen. Wo steckt sie?

Die Erfahrung lässt sich wohl machen, wenn wir uns physisch vereinzeln und zu den anderen auf Distanz gehen. Nehmen wir zwei Wochen frei und ziehen uns zurück. Leben wir allein in einer Hütte, ziehen wir uns zurück in die Einsamkeit der Berge, eines Flusses, einer Insel.

Natürlich macht es keinen Sinn, sich an einem Workshop oder an einem Seminar über Alleinsein zu beteiligen oder nach einem anderen Ausschau zu halten, der einen da hindurchführen könnte. Nimm kein Buch mit. Auch dieses nicht. Gehe ohne irgendetwas und sei dort. Betrachte, wie der Geist sich mit Dämonen herumschlägt und mit Engeln, mit Ängsten und Hoffnungen, mit seinen guten Seiten und den schlechten. Unternehmen müssen wir damit nichts, denn wir sind ja allein. Wir müssen diese Inhalte weder ausdrücken, noch müssen wir sie unterdrücken. Und wenn Einsamkeit hochkommt, müssen wir auch dagegen nichts tun. Bald schon sind wir schrecklich einsam. Auch damit brauchen wir nichts anzufangen. Gelegentlich beruhigt sich der Geist. Auch damit müssen wir nichts anfangen. Und gelegentlich fühlen wir das Universum in seiner ganzen Tiefe und die überwältigende Liebe, die ihm entströmt ohne Unterlass. Auch mit dieser Liebe müssen wir nichts anfangen.

Der Betrieb des Denkens geht weiter, auch in der Einsamkeit. In der Abgeschiedenheit, dort draußen, wohin wir uns aus dem Betrieb der Welt zurückgezogen haben, stellen wir fest, dass wir vor Einsamkeit nicht sterben. Während des Retreats oder danach werden wir auch feststellen, dass wir uns nicht in die Abgeschiedenheit zurückzuziehen brauchen, um der Einsamkeit und dem Alleinsein im Leben zu begegnen. Wir merken, dass es genügt, sich zu besinnen und zu beobachten, ohne zu vermeiden oder zu verleugnen, um uns in Verbindung zu bringen mit der Einsamkeit, egal, wo wir uns befinden. Mit Aktivität lässt sie sich nicht zudecken, mit Untätigkeit lässt sie sich nicht aufdecken. Die Einsamkeit ist zu unserer Gefährtin geworden, unserer Geliebten. Mit ihr vereinigen wir uns, und mit einem Mal ist die Einsamkeit transformiert. Indem wir uns direkt und unverstellt auf sie einließen und sie untersuchten, ist die Angst aus der Einsamkeit entwichen. Nun sind wir nicht mehr einsam. Jetzt sind wir allein.

Alleinsein ist ohne Angst. Sie ist die Grundlage, von der aus wir mit der Welt um uns in Beziehung treten. Alleinsein zeichnet sich aus durch die Integrität, auf nichts angewiesen zu sein.

Alleinsein hat ruhig dagesessen und zugesehen, wie der Fluss vorbeizog.

Alleinsein hat einen tiefen Blick geworfen in die Vorratskammern des Besitzes, es hat den Reigen der Beziehungen inspiziert, die Bankkonten, den Vorsorgeplan für das Alter und die Verträge mit den Krankenkassen. Darauf ist Alleinsein alles nicht angewiesen. Alleinsein ist vertraut mit den neurotischen Verhältnissen in abhängigen Beziehungen, von abhängigen Kindern, abhängigen Eltern.

Alleinsein ist vertraut mit dem Pathos von Kranksein und Sterben, mit dem Schweigen des Todes.

Alleinsein ist vertraut mit dem endlosen Gequatsche des Denkens und mit der enormen Stille jenes Bewusstseinsraumes, der einem jeden Gedanken als Rahmen dient und ihn zugleich erfüllt.

Alleinsein braucht nichts und hat doch alles. Es dürstet nicht danach, von einem anderen Menschen ausgefüllt zu werden, und darum steht es in Beziehung.

Alleinsein ist ein Umwandler für Bewusstsein zu Liebe.

Diese Liebe ist die Botschaft des Universums. Sie ist die Wahrheit des Universums. Doch wer danach verlangt, wer sie will und wünscht, dem versagt sie sich. Erst wenn wir zu einem vorbehaltlosen Gefäß für das Alleinsein geworden sind, vermögen wir der Liebe Ausdruck zu verleihen. Das ist unser Prozess der Reinigung.

Gut, dass wir einen solchen Prozess der Reinigung durchlaufen, denn Liebe konfrontiert uns mit allem in uns, das falsch ist und gespalten. Sie entblättert uns bis auf den Kern unseres Seins, der unter den Schichten der Persönlichkeit schlummert. Diese Liebe ist eine eifersüchtige Gefährtin, die gegen alles rast, für das wir neben ihr noch Augen haben, einschließlich unserer selbst. Diese Liebe ist Schöpferin, Erhalterin und Zerstörerin in einem. Liebe ist alles, von niemand und nichts lässt sie sich vollständig umfassen.

Wir wollten es. Nun haben wir es: Wir lieben. Und daraus führt kein Weg zurück.

Liebe – ein gefährliches Wort

Meine Liebe beteuert, sie sei die reine Wahrheit.
Ich glaube ihr, obschon ich weiß, dass sie mich belügt.
William Shakespeare

Liebe gibt es nicht. Liebe ist ein Wort. Liebe ist eine Vorstellung. Mit dem Wort «Liebe» verbindet sich jede Erinnerung, jede Vorstellung, jedes Bild, das wir damit verbunden haben, seitdem wir das Wort zum ersten Mal hörten.

Liebe setzen wir gleich mit romantischen Gefühlen, wir meinen damit Aufmerksamkeit und selbstlose Hingabe. Zugleich verbinden wir damit Gedanken an die Familie, in die hinein wir geboren wurden, und wir verwenden das Wort, um damit ein spirituelles Ziel zu bezeichnen, das wir uns selber gesetzt haben.

Auch in diesem Buch wird das Wort «Liebe» recht häufig verwendet, und es scheint damit ein Zustand bezeichnet zu werden, dem wir uns annähern durch ein wachsendes Verständnis der Sache und indem wir uns entsprechend verhalten.

«Liebe» ist ein gefährliches Wort. Wir machen uns damit selber etwas vor, und wie leichtfertig verwechseln wir uns mit dem, wofür es steht.

Vergessen wir nicht, dass es sich um ein Wort handelt.

Liebe ist ein Wort.

Liebe ist eine Vorstellung.

Liebe gibt es nicht wirklich.

Eigentlich liegt der Sachverhalt klar zutage: «Liebe» ist die Beschreibung von etwas, das jenseits der Worte liegt.

«Liebe» ist ein Wort, das wir an einer Stelle verwenden, wo wir sonst keine Wörter mehr haben.

Liebe ist die Abwesenheit eines Sprechenden, Denkenden, der Art von Wirklichkeit, der wir mit Sprache beikommen. Es ist ein Zustand außerhalb jedweden Zustandes, eine Qualität ohne Eigenschaften, ohne eine Instanz, die Eigenschaften wahrzunehmen vermöchte. Da sie sich nicht unterteilen lässt, entzieht sie sich dem Zugriff des Denkens. Denken hat nur dort einen Platz, wo es Unterteilungen und Grenzen gibt. Nicht einmal erinnern können wir uns an sie, wie sie wirklich ist, nur eine Vorstellung von ihr bleibt uns erhalten.

Wenn wir der Liebe begegnen, können wir also nicht anders, als uns von diesem einen letzten Ding zu trennen. Lassen wir die Vorstellung fahren. Schmeißen wir es weg, egal, was es ist, das wir Liebe nennen. Schmeißen wir die guten Gefühle weg, die wir damit verbinden, und schmeißen wir die schlechten Gefühle weg, die uns überkommen mögen, wenn uns die Worte fehlen.

Schmeißen wir die Liebe weg. Sie ist nicht wirklich. Da ist nicht, was Liebe wäre. Nichts ist Liebe. Liebe ist nichts.

Hier stehen wir an einer Schwelle, über die uns keiner hinweghilft, kein Lehrer, keine Theorie, keine Philosophie, kein Buch.

Wir bewegen uns in einem Raum jenseits von Sprache und jenseits unserer selbst.

Beschreiben lässt sich dieser Raum nicht. Nur leben lässt er sich. Leben entwickelt sich fortwährend spontan aus der eigenen Ganzheit heraus, und das geschieht ohne Worte, ohne Denken, ohne Liebe.

Authentisches Alleinsein

In meinem Haus gibt es drei Stühle: einen für die Einsamkeit, zwei für die Freundschaft und drei für Gesellschaft.
Henry David Thoreau

Stellen wir uns doch für einen Augenblick vor, wir hätten alles, was wir brauchen. Uns würden keinerlei materielle Güter fehlen, noch litten wir an einem seelischen Mangel. Stellen wir uns also vor, wir hätten alles und daher brauchten wir nichts zu begehren.

Und nun stellen wir uns vor, wie sich dieser Zustand von «alles haben und nichts wollen» auf unser Leben auswirken würde, und darin ganz besonders, wie diese Verfassung unsere Beziehungen beeinflussen würde.

In dieser imaginären Welt wären Schuldzuweisungen unbekannt, denn da wäre kein Mangel. Es gäbe kein Verlangen, denn da wäre kein Mangel. Und es gäbe kein Gefühl der Unsicherheit, denn da wäre kein Mangel.

Die Beziehungen in dieser imaginären Welt beruhten auf einer gänzlich anderen Grundlage als die Beziehungen, mit denen wir jetzt vertraut sind. In der neuen Welt würde es in einer Beziehung nicht um Tausch, Handel und Absprache gehen. Da wir nicht aus einem Mangel heraus agieren, brauchen wir aus anderen Menschen auch nichts herauszuschlagen. Wir sind nicht darauf angewiesen, von den anderen Aufmerksamkeiten zu bekommen. Weder um Bewunderung einzuheimsen, noch um Feedback, Sex oder Geld zu erlangen, sind wir auf andere angewiesen.

In dieser neuen Welt können wir uns vollkommen ehrlich ausdrücken, uns ohne jede Zurückhaltung auf die Begegnung mit anderen einlassen, und doch werden wir nichts verlieren. In Gesellschaft können wir uns genauso ungezwungen verhalten, wie wenn wir für uns allein sind. Die Bürde der Angst, bei den anderen gut anzukommen, beliebt zu sein und angenommen zu werden, fällt von unseren Schultern, denn wenn wir allein sind, wenn wir nicht gut ankommen oder nicht angenommen werden, sind wir auch damit völlig zufrieden.

Nun merken wir, wie viel Energie wir darauf verwendet haben, unser Verhalten stets den Erfordernissen anderer anzupassen. Diese große Menge an Energie steht uns nun zur Verfügung, und wir nutzen sie, um Neues zu erschaffen, um unsere Gesundheit zu erhalten und für Beziehungen.

Sowie das Bedürfnis von uns abfällt, uns auf bestimmte Weise zu verhalten, geschieht etwas Eigenartiges: Wir wissen nicht mehr länger, wer wir sind. Wir befinden uns fortan am Ruhepunkt, den wir Alleinsein nannten.

Von hier aus haben wir bereits entdeckt, dass wir alles, dessen wir im Leben bedürfen, bereits haben, und dass wir der Welt um uns herum ohnehin nichts entziehen könnten. Wir haben gemerkt, dass die vertrauten Verhaltensmuster nichts mehr taugen. Wir haben bemerkt, dass diese Muster ja doch bloß Bemühungen der Beschwichtigung und Lockung waren, dass sie auf Eigenschaften beruhten, die wir nicht länger in Anspruch nehmen.

Doch wenn wir nicht länger streben und schmeicheln, was bleibt dann von uns noch übrig, das erkennbar wir selber wären?

Spätestens jetzt bemerken wir, dass wir außerhalb der bekannten Muster nichts über uns selbst wissen. Wir wissen nichts über unsere Fähigkeiten und wir wissen nichts über unser Potenzial. Wir sind ruhig, wir sind ganz, wir sind in Beziehung, und darüber hinaus haben wir keine Bedürfnisse. Mehr wissen wir über uns nicht. Wir funktionieren nicht mehr im Zusammenhang des Lebens, vielmehr sind wir zu einem Ausdruck dieses Zusammenhangs geworden. Die Schönheit dieses Zustands liegt jenseits jeder Beschreibung, jenseits unserer Vorstellungskraft.

Was für eine wunderbare Welt haben wir uns da doch vorgestellt, eine Welt, die jenseits unserer Vorstellungskraft liegt. Sie entzieht sich unserer Vorstellungskraft, weil wir keinerlei Erfahrungswerte haben, die uns eine Ahnung von dieser Welt vermitteln könnten. Wie die Welt des Tauschs, der Kompromisse und des Überlebens aussieht, wissen wir. Wie die Welt aussieht, die wir uns vorgestellt haben, können wir aber nicht wissen.

Gerade das ist die Schönheit dieser imaginären Welt. Wir können sie uns nicht vorstellen. Wir können sie nicht aus der Vergangenheit heraus in die Zukunft projizieren. Das, was uns als schartige, schäbige Vergangenheit vertraut ist, lässt sich nicht in sie hineinlegen.

Die neue Welt, die Welt des authentischen Alleinseins, lässt sich nur mit leeren Händen betreten. Erfahrungen aus der Vergangenheit, Erwartungen und Wegbeschreibungen lassen sich nicht mitbringen. All unsere schönen Vorstellungen und Theorien werden zu nichts nütze sein.

Nur gerade jetzt, in der unmittelbaren Gegenwart, lässt sich diese neue Welt betreten. Die Vergangenheit müssen wir hinter uns lassen. Beim Darüber-Reden lässt sie sich nicht finden, beim Darüber-Lesen nicht und nicht beim Darüber-Diskutieren. Es geht nicht anders: Wir müssen in sie eintreten.

Wir treten ein und es gibt keinen Ausgang.

Wir sind allein, die seelischen Bedürfnisse sind von uns abgefallen und die Täuschung der Persönlichkeit fällt weg. Jetzt, und nur jetzt, kann etwas Authentisches entstehen. Nur jetzt vernehmen wir die Botschaft der Stille.

Stellen wir uns das einmal vor.

Wenn zwei sich begegnen

Liebende treffen sich nicht endlich irgendwo –
Sie sind immer schon ineinander.
Rumi

In einer volkstümlichen jüdischen Geschichte sucht ein gerissener Heiratsvermittler nach der richtigen Partie für einen widerborstigen jungen Mann.

«Ich wüsste da eine für Sie», bedrängt er den jungen Mann, «eine wahre Schönheit.»

«Nein danke», sagt der Mann.

«Nu gut, nu gut, dann hätte ich eine andere für Sie. Sie ist keine Schönheit, aber sie hat `nen Haufen Geld und besitzt viele Immobilien.»

«Kein Interesse», sagt der junge Mann. «Ich bin selber reich genug.»

«Ah, verstehe, Sie wollen Beziehungen. Da habe ich genau das richtige Mädchen für Sie. Sie kommt aus einer großen, sehr einflussreichen Familie.»

«Begreifen Sie doch», sagt der junge Mann. «Schönheit, Geld, Beziehungen, das alles interessiert mich nicht. Wenn ich heirate, dann will ich es aus Liebe tun!»

«Ja, wenn es *das* ist», sagt der Heiratsvermittler, «so eine habe ich natürlich auch!»

Wenn zwei sich in Intimität begegnen oder heiraten, dann wird ein Vertrag unterschrieben. So ein Handel kann Gegenleistungen, Kompromisse, Zahlungen und

Prämien beinhalten. Die eine lässt in dieser Hinsicht fünf gerade sein, der andere macht im Gegenzug bei jenem Punkt Zugeständnisse. Im Verlauf der Zeit gibt es immer mehr Ergänzungsklauseln zum Vertrag, und wenn man nicht sehr wachsam damit umgeht, wächst der Vertrag schließlich zu einem Wust von Verpflichtungen und Unehrlichkeiten aus.

Entwickelt sich unsere Beziehung in diese Richtung, dann wird die Bürde der vielen Abmachungen und Untervereinbarungen immer lästiger, und es wird immer schwieriger, sie einzuhalten. Das einstmals verliebte Paar bringt seine Tage nun damit zu, sich gegenseitig vorzurechnen, wer welche Klausel im Anhang zum Nachtrag des Hauptvertrages gebrochen hat. Und beide suchen sie nach Verbündeten, nach Beichtvätern und Beratern. Denen klagen sie ihr Leid. Zugleich beharren sie auf ihren vertraglich garantierten Rechten.

Der Vertrag ist unausgesprochen und unbewusst. Der Vertrag zwingt geradezu zu Unreife und Unredlichkeit. Dieser Vertrag muss zerrissen werden.

So müssen die Dinge aber nicht laufen.

Wenn zwei zusammenkommen, muss es keine Abmachungen geben. Versuchen wir es mal mit Ehrlichkeit. Mit Reife. Versuche, ein Erwachsener zu sein. Wirf den Vertrag weg, wenn es schon einen gibt, und fang noch mal von vorne an. Und wenn es noch keinen Vertrag gibt, so fang gar nicht erst damit an, einen auszuhandeln.

Probier es mal mit einer Beziehung, die auf Freiheit gründet, die nicht von irgendetwas zusammengehalten wird. Eine Beziehung muss voller Leben sein oder sie zerfällt. Sie muss ehrlich sein oder sie verdorrt. Sie kann nicht darauf basieren, dass die Frau verspricht, ein kleines Mädchen zu sein, und der Mann gelobt, ein guter Junge zu sein – solche Rollen setzen einen Vertrag voraus. Eine Beziehung kann nicht auf den Forderungen gründen, die der eine an den anderen stellt, und auch nicht auf den Gegenforderungen des anderen.

Wenn zwei sich in Liebe, in Intimität, in einer Ehe begegnen, so lasst uns die Beziehung im Geist dieser Begegnung leben, in der Frische der ursprünglichen Verbindung.

Worin besteht dabei das Risiko? Was geschieht, wenn wir nicht durch einen Beziehungsvertrag aneinander gebunden sind? Wir riskieren, dass der andere auf unvorhersehbare Weise antwortet, dass sie oder er unseren Standpunkt in Frage stellt. Wir riskieren, uns den Auswirkungen direkter, unbeschönigter Kommunikation auszusetzen. Und schließlich riskieren wir, jegliche Kontrolle zu verlieren, jede Vorhersagbarkeit, sämtliche Sicherheiten einzubüßen, die wir in die Beziehung eingebaut haben – und das gilt auch gleich für alle weiteren Beziehungen, die wir je eingegangen sind.

Wir riskieren, die abgeschottete Welt unseres eigenen Innenlebens hinter uns zu lassen. Wir haben diese mentale Welt in den anderen projiziert, und der andere hat eingewilligt, sich an die Regeln zu halten. Es bestand keine Gefahr, dass wir je die Sicherheit des Bekannten aufgeben müssten. Doch nun setzen wir gerade das aufs Spiel.

Wir nehmen unsere Projektionen zurück und annullieren die Abmachung, uns weiterhin daran zu halten. Unser Innenleben steht nun in Beziehung zum anderen und zur Welt um uns herum. Die Schutzzölle sind abgeschafft. Dies ist die Welt der psychischen Freiheit und der offenen Märkte des Geistes. Marktkräfte kommen ins Spiel, alles Aufgesetzte bröckelt bald ab. Nur was wirklich ist, bleibt.

Unser projiziertes Ich ist etwas Künstliches. Nichts vermag es abzusichern. Das projizierte Ich des anderen ist etwas Künstliches. Nichts vermag es abzusichern. Genau das ist es, wogegen wir uns all die Jahre abgeschottet haben. Wir sind in Kontakt. Wir haben keinen Standpunkt. Wir haben keine Kontrolle. Wir können das, was geschieht, nicht eingrenzen. Dieses Risiko sind wir eingegangen, als wir den Vertrag zerrissen haben.

Wir haben bekommen, was wir wollten, und wir haben bekommen, was wir nicht wollten. Wir haben eine Beziehung, doch wir haben eine Beziehung. Wir stehen an vorderster Front, an der Kante, am Rand des Abgrunds – Augenblick für Augenblick. Wir können keine Garantien geben, und uns werden keine Garantien gegeben. Wir selbst sind voll verantwortlich für unser gesamtes Leben.

Nun können wir uns mit klarem Blick betrachten. Wir können auf unzensierte Weise kommunizieren. Wir können ohne Reaktion zuhören – und wenn es eine Reaktion gibt, dann hören wir auch die. Nun mögen wir entdecken, dass wir in einer intimen Beziehung stehen. Wir könnten aber auch herausfinden, dass wir in einer Beziehungskiste stecken, die mit einem Mal nur noch der Vergangenheit angehört. Jedenfalls werden wir sehr genau sehen, wo wir uns befinden. Wir werden den tatsächlichen Zustand, die Wirklichkeit unserer Beziehung entdecken. Das ist das Risiko, das wir eingegangen sind. Das ist ziemlich beängstigend. Wir sind erwachsen geworden. Wir sind ein Mann oder eine Frau. Und da wir eine intime Beziehung fordern, kann es für uns nichts Geringeres mehr geben als die Beziehung zu einem anderen Mann oder einer anderen Frau. Groß gewachsenen Jungen und Mädchen in unserem Leben können wir vielleicht unsere Hilfe anbieten – Intimität kann es mit ihnen aber nicht geben. Wer psychisch ein Kind geblieben ist, bringt nicht die nötigen Voraussetzungen mit zu einem Einvernehmen in solcher Offenheit.

Therapeuten und Berater werden zu uns sagen, Menschen, die in ihrem seelischen Wachstum Kinder geblieben sind, könnten durchaus Beziehungen eingehen. Solche Therapeuten erzählen uns, die groß gewordenen Kinder von «Psychoholikern» brauchten bloß die Abmachungen und Verträge deutlicher zu formulieren, dann würden ihre Beziehungen funktionieren. Nichts bringt diese Beziehungen dazu zu funktionieren, solange die groß gewordenen Kinder nicht erwachsen werden und sie nicht als Erwachsene zueinander in Beziehung treten. Dabei geht es nicht etwa um einen Prozess. Es geht um den Augenblick – *diesen* Augenblick – jetzt oder nie. Die Therapeuten dieser fortgeschrittenen Kinder, die ihren Klienten etwas von Zeit und Prozess vorschwatzen, zementieren nur das Kindsein, von dem sie doch angeblich befreien wollen. Mit Unmittelbarkeit und Zeitlosigkeit lässt sich eben kein Geld machen. Wenn wir davon überzeugt sind, dass diese Prozesse funktionieren, so lasst uns Kuscheltiere knuddeln und Beziehungsseminare besuchen. Nach einer gewissen Zeit, nach einem gewissen Prozess – es spielt keine Rolle, nach wie langer Weile und nach welchem Prozess – kehren wir dennoch an diesen Punkt zurück. Hier haben wir bereits zuvor gestanden. Immer schon standen wir an diesem Punkt. Der Punkt ist der Abgrund. Der Punkt ist das Erwachsensein. Der Punkt ist Beziehung.

Jetzt können wir herausfinden, was geschieht, wenn wir einander begegnen.

Sex und Trennung

Die Sache, die am wenigsten Zeit beansprucht, jedoch die meisten Probleme verursacht, ist der Sex.
John Barrymore

Sexuelle Aufladung ist ein Teil all unserer Beziehungen.

Manchmal stellt es ein Tabu dar, den sexuellen Gehalt einer Beziehung anzuerkennen – also leugnen wir ihn. Weist uns jemand auf das sexuelle Tabu hin, dann bestrafen wir den, der es zur Sprache bringt. Selbst wenn das Tabu zur Sprache kommt, unterdrücken wir es.

In einigen Beziehungen wird der sexuelle Gehalt zwar akzeptiert, aber er darf nicht zum Ausdruck gebracht werden. In anderen Beziehungen wird der sexuelle Gehalt anerkannt und der Ausdruck der sexuellen Energie ist akzeptiert.

Es ist schon eine komische Sache. Warum ist von all unseren körperlichen Gelüsten gerade dieses so peinlich genau geregelt und wird so hart geahndet?

Bevor wir uns mit dieser Frage beschäftigen, lassen Sie uns als intergalaktische Anthropologen einen Ausflug zum Planeten Edre unternehmen. Auf diesem Planeten können wir einige faszinierende Phänomene beobachten.

Obwohl es auf Edre Nahrung im Überfluss gibt, wird der Genuss von Nahrung kontrolliert und rationiert. Priester und Politiker trichtern der Bevölkerung ein, wie böse es sei, Hunger zu verspüren, und sie lassen keinen Zweifel daran, dass das Essen hart bestraft wird. Wenn vom Essen überhaupt gesprochen wird, dann nur in der Form anzüglicher Esswitze oder abfälliger Anspielungen. In Gegenwart von Kindern wird das Thema Essen tunlichst vermieden.

Die meisten Formen der Unterhaltung und Werbung sind durchsetzt mit Bildern von üppigen Festgelagen und raffinierten Desserts. Die populärsten Entertainer essen in aller Öffentlichkeit aus reinem Spaß am Essen und singen Lieder über das Essen und das fleischliche Verlangen danach.

Die Politiker von Edre dagegen sieht man nie beim Essen – und schon gar nicht täten sie es zum Vergnügen. Sie beschließen strenge Gesetze zur Regelung des Essverhaltens und bestrafen all jene hart, die dabei erwischt werden, zu viel zu essen, die an den falschen Lebensmitteln Gefallen finden oder schamlose Bilder von Essen verkaufen.

Die religiösen Führer beschwören die ewige Verdammnis des Essens, es sei denn, es wird genau in der vom heiligen Kochbuch der Kirche vorgeschriebenen Weise vollzogen – und zwar erst nach dem Vollzug einiger unerlässlicher Rituale. In dieser faszinierenden religiösen Zeremonie gelobt ein Edreaner, der das vorgeschriebene Alter erreicht hat, vor seiner Familie und seinen Freunden, nur die von der Kirche vorgeschriebenen Nahrungsmittel zu sich zu nehmen, und zwar in der erlaubten Menge und nur zur Erhaltung seiner Gesundheit. Dieses Gelübde des Gehorsams gegenüber den

Essgesetzen der Kirche gilt so gut für Kranke wie für Gesunde, bis dass der Tod das Individuum von dieser Welt scheidet.

Unser Forscherteam macht noch weitere interessante Beobachtungen über das Essverhalten auf Edre.

Weil einige Leute nur eine bestimmte Art von Nahrungsmittel mögen, verweigert man diesen Leuten ihre politischen und kirchlichen Rechte. Außerdem glauben die meisten Heteronutristen, dass durch Essen übertragene Krankheiten Gottes Strafe für die lästerlichen Vorlieben der Homonutristen sind.

Zudem gibt es Binutristen, die so gut wie alles verspeisen. Diese Leute glauben, dass alle Edreaner im Grunde Binutristen sind und dies nur verleugnen.

Die religiösen Fundamentalisten sind der Meinung, der Heteronutrismus müsse gesetzlich erzwungen werden. Es gibt auch Progressive, die die Ansicht vertreten, jedermann solle frei sein zu essen, was er oder sie mag. Allerdings wissen diese Progressiven nicht, wie sie sich jenen gegenüber verhalten sollen, die Kindern heimlich zu essen geben, die geile Essensbilder verkaufen oder ähnlichen Perversitäten huldigen.

Die Welt von Edre ist in Bezug auf Nahrungsmittel und Essen voller Irrungen und Wirrungen. Essstörungen sind an der Tagesordnung; im Verborgenen blühen illegale Restaurants; Unterernährung ist weit verbreitet. Die Priester und Politiker von Edre haben alle Hände voll zu tun.

Wir lassen Edre zurück, und wir sind tief bestürzt darüber, dass man auf diesem Planeten im Umgang mit einer so simplen Angelegenheit so total verstört ist.

Mit einem Seufzer der Erleichterung kehren wir zur Erde zurück und gehen erst mal in ein Restaurant, um richtig gut zu essen. Die Bedienung ist attraktiv. Wir hoffen, dass sie ein Auge auf uns wirft, aber wir sprechen sie nicht an, weil das zu plump sein könnte. Uns geht so manches durch den Kopf, das uns nicht durch den Kopf gehen sollte – schließlich sind wir verheiratet. Also unterdrücken wir den Drang, die Bedienung anzumachen, aber wir beobachten sie unauffällig weiter.

Auf dem Fernsehschirm über der Bar präsentiert sich gerade das neueste Popsternchen, um irgendein Produkt unter die Leute zu bringen – sie ist sexy, halb nackt, verführerisch. Wir schlendern zur Bar hinüber, um uns einen Drink zu genehmigen, ein Auge zu riskieren und einer Phantasie nachzuhängen.

Kein Zweifel, wir sind zurück auf dem Planeten Erde.

Wenn sexuelle Energie ein Bestandteil all unserer Beziehungen ist, warum wird sie dann innerlich wie äußerlich so stark reglementiert?

Historisch und biologisch gesehen ist der Sinn sexueller Aktivität die Reproduktion. Das Überleben hing von der Stabilität einer familiären Gruppe ab, aber eine Familie bedeutete nicht unbedingt Monogamie oder ein Ehepaar zu sein.

Unsere nächsten Verwandten, die Affen und Menschenaffen, scheinen sich zu stabilen Gruppen zu organisieren, zu denen mehrere Mitglieder gehören und die einem langsamen Wandel unterliegen, während die Mitglieder solcher Gruppen kommen und gehen. Das Überleben wird hier auf der Ebene einer Gruppe oder eines Stammes sichergestellt. Sexuelles Verhalten dient der Reproduktion, als Ersatz für Aggression, zur Abfuhr von allgemeiner Spannung und zum Vertreiben von Langeweile.

Bei den Menschen haben sich die Überlebensstrategien vielleicht verändert, während die sozialen Gruppen größer wurden und die gesellschaftlichen Verhältnisse komplexer. Eine Stammesgemeinschaft ließ sich nicht mehr so leicht durch den physischen Raum definieren, in dem sie sich aufhielt. Religion und Justiz begannen sexuelle Tabus zu definieren, was inzestuöse Mutationen verhinderte, reproduktive heterosexuelle Aktivitäten sicherstellte und die Väter dazu verpflichtete, sich mit ihrem Nachwuchs zu identifizieren und bei ihm zu bleiben. Das wieder stellte sicher, dass die Landrechte in einem geordneten Prozess auf die nächste Generation übergingen.

Sexuelle Energie wurde von der christlichen Kirche schon früh als eine Kraft identifiziert, die gezügelt und kontrolliert werden muss. Doktrinen, die das sexuelle Verhalten regeln, wurden so tief in unsere Kultur eingebettet, dass wir sie nicht mehr in Frage stellen. Und über die Religion begann der Staat Kontrolle über das sexuelle Verhalten auszuüben.

Sexuelle Freiheit wurde eine Angelegenheit der Asozialen und ein Vorrecht der Mächtigen – derer, die sich nicht um das Gesetz kümmerten, und derer, die über dem Gesetz standen.

Die Sexualität wurde in den Schatten abgedrängt. Wer aus dem Schatten heraustrat, wurde zertreten. Wer aber lernte, im Schatten zu navigieren, der fand dort Macht. Bald wurde sexuelle Energie zu Macht umgewandelt und als solche zum Ausdruck gebracht.

Das Zerstörerische, das wir in vielen Ausdrucksformen der Sexualität (und bei vielen sexuellen «Jägern») beobachten können, ist eine Funktion von Macht, Kontrolle und Gewalt, nicht von Sexualität selber. Die soziale Eindämmung des sexuellen Verhaltens in der Vergangenheit war ein Versuch, diese Gewalt zu zügeln, hat sie gleichzeitig aber ungewollt hervorgebracht.

Heute lockern sich die Beschränkungen der sexuellen Ausdrucksmöglichkeiten. Das geschieht zum Teil, weil sexuelle Aktivität nicht mehr geradewegs zur Reproduktion führt. In Zukunft könnte es für unser Überleben sogar notwendig sein, dass der größte Teil der sexuellen Aktivität nicht zur Reproduktion führt. Wenn wir die sexuelle Aktivität also von der Reproduktion abtrennen – was bleibt uns dann? Welche Gesetze und Sitten sind in einem durch die Erkenntnisse der Wissenschaft geprägten Zeitalter, in dem wir Schwangerschaft und Geburt kontrollieren können, noch anwendbar? Was wäre, wenn wir, wie unsere nächsten Verwandten, die Affen, nicht den Sex, sondern die Gewalt eindämmen würden?

Wir können uns in dieser Frage nur Klarheit verschaffen, wenn wir unsere eigenen Ideen, Konditionierungen und Verhaltensstrukturen durchforsten. Wir könnten damit beginnen zu entdecken, dass unsere sexuelle Energie so tief unbewusst ist, dass wir fast nichts davon kennen außer ihren Manifestationen in unserem Verhalten.

Für diese Verhaltensweisen haben wir Schubladen geschaffen. Und für diese Schubladen haben wir komplexe Beschreibungen, Vorschriften und Ratschläge entwickelt. Aber all diese Schichten des Denkens über die sexuelle Energie haben wenig mit der Energie selbst zu tun. Wir erforschen die Ergebnisse der Energie statt die Energie selbst. Doch wie wenig lässt sich über Elektrizität lernen, wenn man eine leuchtende Glühbirne betrachtet.

Wir werden so lange nichts von der sexuellen Energie verstehen, solange wir nicht alle unsere Missverständnisse, Fehlinformationen und den ganzen Müll losgeworden sind, der uns von Experten eingetrichtert wurde. Zunächst müssen wir unsere eigene sexuelle Identität, unsere sexuelle Konditionierung und unsere sexuellen Vorurteile über Bord werfen. Nichts von dem, was wir wissen, ist wirklich hilfreich.

Gibt es wirklich so etwas wie einen Homosexuellen, einen Heterosexuellen, einen Bisexuellen? Wer hat sich diese Klassifizierung nur ausgedacht? Diese Kategorien haben nichts mit der sexuellen Energie als solcher zu tun, alles aber mit unserer Konditionierung.

Wir haben ein bestimmtes Verhalten erlernt, und wir haben gelernt, ein bestimmtes Verhalten bei anderen auszulösen. Wir sehen uns Filme an, lesen Zeitschriften, hören uns im Umkleideraum und im Klassenzimmer um.

Wir mögen unsere sexuelle Energie mit dem Gefühl in Verbindung bringen, uns zu einer Person, einem Ort oder einem Ding hingezogen zu fühlen. Wir können unsere sexuelle Energie mit der Anziehungskraft einer dieser Kategorien in Verbindung bringen. Sexuelle Energie kann für uns auch mit Macht, Kontrolle und Gewalt zusammenhängen.

Die menschliche Psyche liebt die Sicherheit einer Identität, und deshalb lieben wir es, uns eindeutig zu einer bestimmten sexuellen Gruppe zugehörig zu fühlen. Wir lieben es auch, einfach nur zu einer Gruppe zu gehören, die allein zu dem Zweck besteht, auf eine der anderen sexuellen Gruppen zu reagieren. Im Namen Gottes, der Moral oder der Psychiatrie fällen wir unsere Urteile über andere und über das weite Spektrum der Ausdrucksformen sexueller Energie.

Das alles ist nur der Ausdruck von Konditionierung, Informationen aus zweiter Hand und total fehlgeleiteter Konfusion. Über Sex wissen wir nichts zu sagen außer einem Gewäsch aus psychologischen Abhandlungen, populäresoterischen Verschnitten des Kamasutra, Kenntnissen aus dem Sexualkundeunterricht und religiösen Dogmen unterschiedlichster Provenienz.

Wirf das alles über Bord!

Wollen wir die Natur der sexuellen Energie entdecken, so müssen wir zunächst alle Bücher verbrennen, deren Lektüre uns Fundamentalisten verbieten wollen. Und danach verbrennen wir alle Bücher, die wir nach Meinung der Fundamentalisten lesen müssten. Dann endlich sind wir frei von all den Informationen, Kategorien und Ideen über den Sex.

Nun können wir unsere Erkundung beginnen. Wo macht sich die sexuelle Energie bei uns bemerkbar? In den Genitalien? Steckt sie im Kopf? Im Herzen? Finden wir heraus, wo im Körper wir diese Energie erfahren. Was bringen wir mit dieser Energie in Verbindung? Welche Bilder, Ideen, Gefühle haben wir, wenn wir sexuelle Energie verspüren? Wenn wir genau hinsehen, entdecken wir eine Dimension dieser Energie, die etwas völlig anderes ist als all das, was wir als Sex kategorisiert haben.

Wir mögen herausfinden, dass sexuelle Energie konditionierte Energie ist, konditioniert von den Bildern und Ideen, die wir mit bestimmten Eigenschaften oder Formen von Bewusstsein zu assoziieren gelernt haben. Wenn die Energie unseres Bewusstseins in Kontakt kommt mit bestimmten Körperregionen oder Gedankenformen, dann wird sie konditioniert. Sie wird in eine an Gedanken gebundene Form gebracht. Was zuvor eine einheitliche Energie war, wird aufgespalten.

Die Einpflanzung von Denken in das Bewusstsein spaltet das Bewusstsein. Diese fragmentierte Welt ist zutiefst unstabil und spannungsgeladen. Sie tendiert dazu, sich neu zusammenzufügen, was die Einpflanzung von Bewusstsein in das Denken und die Rückkehr zur ursprünglichen Ganzheit bedeutet.

Diese der fragmentierten Welt innewohnende Spannung wird im sexuell-körperlichen Bereich als der Imperativ zur Kopulation und Reproduktion erfahren, als Drang, sich zu verbinden und Bewusstsein zu erzeugen. Im sexuell-psychischen Bereich wird diese Fragmentierung als das Gefühl der Isolation und als Bedürfnis nach Beziehung erfahren, als Einsamkeit und projizierte Erfüllung. Im sexuell-sozialen Bereich erfährt man diesen Komplex aus Fragmentierung und Spannung als die unendliche Vielfalt sexueller Identitäten, Gruppierungen und Dogmen, die dazu tendieren, uns voneinander zu trennen, und die zugleich den Trieb verspüren, einander zu erobern und zu absorbieren.

All diese scheinbaren Spaltungen werden abgegrenzt durch die Konditionierungen, die sie erzeugen. Bewusstsein vertreibt die Spaltung, nicht, indem es sie auflöst, sondern durch das ihm innewohnende Gewahrsein, das den fragmentierten Zustand transzendiert.

Am Ende stellt sich heraus, dass außerhalb der Spaltungen des konditionierten Geistes keine sexuelle Energie existiert.

Sex ist polarisierte Energie.

Sexuelle Schuldgefühle sind die Blockierung dieser Energie, wie sie von einem Zentrum, einem «Ich» erfahren wird.

Ohne die Erfahrung dieses Zentrums kann es weder Schuld noch Lust geben. Sexuelle Energie ohne dieses Zentrum ist nicht polarisiert. Sie ist undifferenzierte Energie.

Diese undifferenzierte Energie steht uns allen jederzeit zur Verfügung, mit oder ohne Sex.

Wir betrachten die sexuelle Energie als Mittel zur Erfahrung dieser undifferenzierten Energie. Im Kontakt mit einem Sexualpartner erfahren wir die Spiegelung unserer Polarisierung sowie die undifferenzierte Energie, die daraus resultiert. Dann werden wir wieder polarisiert.

Wir suchen nach mehr Sex oder weiteren Partnern, und am Schluss sind wir immer noch polarisiert.

Sexuelle Energie ist ein endloser Kreislauf von Anziehung, Verbindung und Polarisierung. Daran ist nichts Verwerfliches. Daran ist nichts schlecht, böse oder sündig. Die Religion hat uns gelehrt, dass es verwerflich sei. Man hat uns Schuld gelehrt. Unsere Kultur und die Medien haben uns beigebracht, dass es zugleich lustvoll, machtvoll, verboten und gefährlich ist.

Tatsache ist, dass es einfach ein endloser Kreislauf ist. Es ist konditioniert. Es ist nicht frei.

Die undifferenzierte Energie ist immer vorhanden. Sie fließt frei und bedingungslos.

Sex und Tantra

Typisch für die moderne Gesellschaft ist die Tatsache, dass Sex in ihr nicht etwa zu einem Schattendasein verdammt wird, sondern dass endlos darüber geredet wird, während Sex zugleich als ein Geheimnis ausgebeutet wird.
Michel Foucault

Vom Beginn unseres sexuellen Erwachens an hat man uns dazu erzogen, die sexuelle Erfahrung von einem ganz bestimmten Standpunkt aus zu betrachten. Wir sind Mann oder Frau. Wir sind heterosexuell oder homosexuell. Wir sind dominant oder unterwürfig. Wir sind sexsüchtig oder wir fühlen uns vom Sex abgestoßen.

Wir können uns einen solchen Standpunkt zu Eigen machen und dann innerhalb seiner Grenzen agieren, aber befriedigen wird uns das nie so recht. Wir glauben, da müsse es noch mehr geben. Bücher und Experten sagen uns, dass es noch mehr gibt.

Die Psychologen erklären uns, warum wir so geworden sind, wie wir sind, und wie wir besser werden können. Den Männern wird geraten, den Wilden Mann, den Femininen Mann, den Urmenschen in sich zu finden. Frauen bekommen den Rat, ihren Mann zu befriedigen, ihn zu umgarnen, ihren Inneren Mann zu finden oder einfach zu erkennen, dass sie von der Venus stammen. Man verrät uns, wie wir das Geheimnis endloser Orgasmen und erotischer Ekstase finden können. Das alles finden wir ziemlich aufregend. Wir kaufen die Bücher und Kassetten. Wir werden zu Voyeuren, die über irgendwelche Phantasiepaare lesen, die da in steter orgiastischer Verzückung leben sollen. Aber wir leben die Phantasien nicht, über die wir lesen.

Die spirituellen Experten des New Age erzählen uns vom Tantra. Das ist *die* Sache! Da gibt es Rituale, esoterische Visualisierungen, Meditationen, exotische Götter und Göttinnen. Wir halten den Samenerguss zurück, absorbieren den Orgasmus, aktivieren den Tausendblättrigen Lotos. Das bringt endlich etwas! Im Verlauf der nächsten Party, bei der wir zu Gast sind, lassen wir das Thema «Tantra» ganz nebenbei in die Konversation einfließen. Was für ein toller Aufhänger für eine Anmache, was für eine Gelegenheit vorzuzeigen, was wir draufhaben. *Das* ist das einzig Wahre. Wir haben die Bücher gelesen. Es funktioniert. Zumindest sagen die Bücher, dass es funktioniert. Tatsächlich will das mit dem Zurückhalten des Samenergusses nicht so recht klappen, und was den Tausendblättrigen Lotos angeht, nun – wovon sprechen die da eigentlich?

Warum geht die tiefe Konfusion weiter? Wonach suchen wir wirklich? Wozu all die Ratschläge von Experten?

Hier kommt ein echter Rat: Lasst uns mit uns selbst ehrlich sein statt ständig Rat zu suchen. Wir wollen keinen Sex, wir wollen einen Orgasmus. Wir wollen Macht. Wir wollen Kontrolle. Wir wollen eine Regression ins Säuglingsalter. Wir wollen Phantasien haben.

Sex ist das Mittel zu einem ganz anderen Zweck. Wir sind Objekte und der andere ist ein Objekt, und wir beide sind gewöhnt daran, als Zweckartikel herzuhalten. Wir sind nicht interessiert an sexueller Energie, denn wir haben nicht den Schimmer einer Ahnung, was das ist. Wir haben sie nie erfahren, weil sie immer unbewusst bleibt. Woran wir *tatsächlich* interessiert sind, das sind die Resultate dieser Energie, die Bilder, die wir mit dieser Energie in Verbindung bringen, das Gefühl der Macht, das uns diese Energie verleiht.

Wir sind Vereinbarungen eingegangen mit einem anderen Menschen, den wir zu einem Objekt gemacht und manipuliert haben, mit dem wir eine vorhersehbare Struktur ausgehandelt haben, die wir Beziehung nennen. Wir besetzen einen Aspekt dieser Beziehung und der andere besetzt einen Aspekt. Und wofür steht Sex in dieser Abmachung? Er ist ein durch unsere Vereinbarungen festgelegtes, vorgegebenes Ritual, ein Roman, den wir bereits gelesen haben, ein Film, den wir schon allzu oft gesehen haben.

Die Psychologie wird uns nicht helfen. Tantra wird uns nicht helfen. Aber die totale Ehrlichkeit wird uns helfen, denn sie schlägt unsere Beziehung in Stücke. Die Ehrlichkeit wird den Vertrag in Papierschnipsel zerreißen. Die Ehrlichkeit wird uns aufwecken und uns aus der verdinglichten Liturgie befreien, zu der unser Leben verkommen ist.

Beginnen wir noch mal von vorn. Wir begegnen uns, und da ist sexuelle Anziehung. Können wir bei dieser Energie verweilen? Können wir sie erkunden, ohne gleich wieder in die alten Verhaltensmuster zu verfallen?

Wir sind keineswegs ein Aspekt dieser Energie. Wir müssen keine Rolle annehmen oder einem anderen eine

Rolle aufdrängen. Vor dieser Energie brauchen wir keine Angst zu haben, noch sind wir gezwungen, ihr einen Ausdruck zu verschaffen. Wir brauchen den anderen nicht zu überwältigen oder zu verführen.

Was geschieht, wenn wir einfach bewusst bleiben? Wir bleiben wach und präsent. Wir erfahren die sexuelle Energie, wir erfahren uns selbst und den anderen ohne Trennung.

Das ist Sex und Orgasmus und Liebe – und wir haben uns noch nicht einmal gerührt.

Gehen wir in diesem ungeteilten Zustand eine sexuelle Beziehung ein, dann erleben wir sexuelle Energie auf eine Weise, die nichts mit dem gemein hat, was wir bisher gelesen oder erfahren haben.

Jetzt brauchen wir keine Rolle mehr. Wir brauchen keine Phantasie. Wir brauchen keine Anleitung. Eros findet auf eigene Weise zum Ausdruck. In der Liebe fordert der Sex nicht irgendetwas, denn er hat schon alles. Im Sex hält die Liebe nichts zurück und sie empfängt alles.

Sexuelle Energie ist Energie des Bewusstseins. Wenn wir ehrlich sind, müssen wir uns eingestehen, dass wir nichts vom Sex verstehen, weil wir nichts vom Bewusstsein verstehen. Finden wir zuerst Bewusstheit. Finden wir in dieser Bewusstheit zueinander. Dann lassen wir Eros tanzen.

Sex und Biologie

Männer und Frauen brauchen die DNS des anderen Geschlechts ... Unsere sexuellen Gedanken und Gefühle sind einer Welt angepasst, in der Sex zu Babys führt, ob wir nun gerade ein Baby machen wollen oder nicht.
Steven Pinker

Der Sexualtrieb ist der biologische Ausdruck des physischen Antriebs zur Reproduktion. Ist er vielleicht mehr als das? Gibt es, abgesehen vom biologischen Trieb, noch etwas anderes nebst Ideen und Realitäten, die sich kluge Köpfe haben einfallen lassen?

Um Erleuchtung zu erlangen, brauchen wir uns des Sex nicht zu enthalten. Es gibt keine Erleuchtung; sie ist nur ein Mythos. Aber es gibt Sex, das ist nicht zu leugnen. Und der will, dass wir uns vermehren.

Die Biologie kümmert sich nicht um unsere Ideen. Sie kümmert sich nicht um unsere Religion oder unsere Wissenschaft. Der Biologie geht es einzig und allein um die Erhaltung der Art mittels Reproduktion. Das Leben, das daraus entsteht, ist nur ein Mittel zum Zweck, und der Zweck ist fortgesetzte Reproduktion.

Was zwischen unserer Geburt und dem Moment geschieht, wo wir unseren Beitrag zur Reproduktion liefern, unsere Siege und Niederlagen, unser Glück und Unglück, unsere Erfüllung und unser Ungenügen – all das ist für die Biologie nicht von Belang. In der Biologie gibt es kein Mitgefühl. Gnadenlos treibt sie Mann und

Frau einander in die Arme. Hindernisse, die sich ihr in den Weg stellen, räumt sie einfach beiseite. Sie kümmert sich nicht um Empfängnisverhütung. Sie findet einen Weg um all diese Dinge herum. Sie kümmert sich nicht um das Individuum und sie kümmert sich nicht um das Kollektiv der Gesellschaft. Sie sorgt nur für sich selbst. Sie sorgt nur dafür, dass das genetische Material weitergegeben wird, dass es von menschlichen Wirten warm und am Leben erhalten wird.

Wenn wir über den Tisch hinweg in das einladende, kerzenlichtbeschienene Gesicht unseres Geliebten oder unserer Geliebten versinken, so mögen wir glauben, wir seien Herr unseres Schicksals und die Liebe, die wir empfinden, sei die mystische Liebe aller Zeiten. Aber tief in unserem Inneren schreibt unser genetisches Material das Drehbuch. Das Drehbuch drängt uns voran, hinein in den Tanz der Reproduktion. Für diesen Tanz gibt es nur ein Ziel: Nie soll er zu Ende gehen.

Sex und Religion

Ein junger Mann ging ins Kloster, wo er alles lernen wollte über die Religion, Gott und die Kunst des Schreibens. Er verbrachte viele Jahre als Lehrling eines alten Mönchs, von dem er die Kunst erlernte, alte religiöse Handschriften abzuschreiben und zu illuminieren.

Eines Tages kam er auf die Idee, dem alten Mönch eine Frage zu stellen: «Vater, woher wissen wir eigentlich, dass der Text fehlerfrei ist?»

Der alte Mönch antwortete: «Wir benutzen diesen Text seit vielen hundert Jahren. Selbstverständlich ist er fehlerfrei!»

Doch einige Tage später kam der alte Mönch zu seinem jungen Lehrling und sagte: «Du hast da eine tiefe Frage in mir ausgelöst. Ich gehe für einige Tage in Klausur und werde unsere heiligen Schriften konsultieren.»

Als der alte Mönch auch nach mehreren Tagen nicht wieder auftauchte, begab sich der junge Kopist zu dessen Zelle. Dort fand er den alten Mann in Tränen aufgelöst über den Büchern sitzen.

«Vater», rief er erschreckt, «was fehlt Ihnen!»

Mit tränenerstickter Stimme stieß der alte Schreiber hervor: «Es sollte heißen <Zelebriert!>, und nicht <Zölibat>.»

Das Problem mit der Psychologie

Emotion, die Leiden bedeutet, hört auf, leidvoll zu sein, sobald wir uns ein klares und präzises Bild von ihr machen.
Spinoza

Wenn wir vor dem Trümmerhaufen stehen, den viele unserer Beziehungen darstellen, vor den Wunden in unserem Innenleben und dem Schmerz, den wir anderen zufügen in unserem Bemühen, irgendwie in Kontakt zu kommen, dann sehen wir uns schließlich nach Hilfe um. In unserer westlichen Kultur ist solche Hilfe im Allgemeinen gleichbedeutend geworden mit irgendeiner Form von psychologischer Beratung, nicht selten auch einer Behandlung mit Medikamenten.

Das Problem mit der Psychologie ist nicht, dass die Psychologie nicht funktioniert; es ist vielmehr, dass es in der Psychologie um Themen geht, die letztlich nicht den Kern des Problems betreffen.

Wir begeben uns in psychologische Beratung, weil wir uns Sorgen um unsere seelische Gesundheit machen und weil wir leiden. Wir mögen an einen Freudianer geraten, der uns hilft, mit unseren Zwängen zurechtzukommen. Wir mögen an einen Jungianer geraten, der uns zu einem Verständnis unserer Träume verhilft, an einen Vertreter von Rogers, der uns gut zuhört. Vielleicht finden wir einen Verhaltenstherapeuten, der unsere Gewohnheiten umbiegt, oder einen transpersonalen Psychologen, der unsere Perspektive erweitert, oder einen Atemtherapeuten, der uns durch unsere Blockaden hindurchführt. Vielleicht geraten wir auch an einen Psychiater, der unseren Bewusstseinszustand mit Psychopharmaka verändert, oder wir geraten an einen Eklektiker, der uns ein ganzes Potpourri von Psychotechniken gegen unsere Probleme anbietet.

Egal, wo wir hingehen, man wird uns auf irgendeine Weise anpassen, sodass unser Konflikt abgemildert wird. Dann werden wir besser arbeiten können, spielen, in Beziehung treten. Wir werden glücklich werden, und unser Problem wird verschwinden. Doch sind wir *wirklich* glücklich? Ist unser Problem *tatsächlich* verschwunden?

Das ist wie mit der Mutter, die verzweifelt über ihren schwer erziehbaren Sohn zu einem Psychiater geht und ihn um Hilfe bittet. Der Psychiater gibt der Frau ein paar Tranquilizer und bestellt sie für die kommende Woche mit dem Sohn in die Praxis zurück, worauf er sich um das Problem kümmern will.

In der folgenden Woche kommt die Frau allein in die Praxis.

«Geht es mit dem Jungen denn besser?», fragt der Psychiater die Frau.

«Ach wissen Sie», entgegnet die, «das ist mir eigentlich ziemlich egal.»

Wir mögen mit gewissen Aspekten unseres Lebens besser zurechtkommen, aber wir leben weiterhin in Verleugnung der grundlegenden Fakten unseres Lebens: Wir werden sterben, aber wir haben keine Ahnung, was der Tod ist. Wir leben nicht in Liebe, sondern in Furcht. Wir können nie lange genug stillhalten, um etwas wirklich anzuschauen. Wir haben nicht den Schimmer einer Ahnung, wer wir wirklich sind. Und wenn wir auch nicht wissen, *wer* wir sind, so sind wir doch zumindest sicher, *dass* wir sind.

Das ist das Problem mit der Psychologie. Sie geht mit dem «Ich» um, als existiere es wirklich. Diese Grundannahme von einem «Ich» lässt uns in die falsche Richtung laufen.

Die Psychologie definiert den Ichverlust als eine psychische Störung. Konflikt ist für sie etwas, das ausgeräumt werden muss. Das wäre ja ganz in Ordnung, wenn das Modell, von dem in der Psychologie ausgegangen wird, wahr wäre. Aber das Modell versagt, weil niemand so recht zu wissen scheint, wozu dieses «Ich» gut sein soll und wo es überhaupt zu finden wäre.

Die Psychologie versucht das Ich im Verhalten des Ichs zu finden. Der Psychologe versucht den Konflikt durch Veränderung des Verhaltens zu lösen. Das mag ein Ansatz dazu sein, Konflikte zu lösen, Erinnerungen zu integrieren und zwanghaftes Verhalten zu verstehen – aber letztlich soll das alles nur zu einem anderen Verhalten führen. Dieses veränderte Verhalten wird zu einer größeren gesellschaftlichen Akzeptanz führen und eine bessere Integration in die soziale Organisation des Lebens ermöglichen.

Wir wissen nicht, was das Ich ist, aber wir wissen, wie es sich verhalten soll, damit wir ein glückliches Leben führen können. Die Existenz des Ichs der Psychologie ist relativ: Es verhält sich, also ist es.

Ein Psychotherapeut arbeitet mit diesem Modell des Ichs. Wenn es ein Problem gibt, gehen wir zum Therapeuten, ohne je einen Gedanken an die Natur unseres existenziellen Dilemmas verschwendet zu haben. Der Therapeut hilft uns, das psychologische Modell zu verstehen, das heißt: das Ich als Verhalten. Wir begreifen, dass unser Verhalten mit den sozialen Strukturen in unserem Leben in Wechselwirkung steht. Wenn wir in dieser Wechselwirkung flexibler sein können, werden wir besser integriert sein.

Wir erkunden die Zwänge, denen unser Verhalten unterliegt, die Traumata der Kindheit, den Einfluss der Eltern, die ungelösten Probleme unseres Lebens. Wir erkunden unseren Körper, unseren Atem, unser höheres Selbst. Wir werden integrierter. Das Verhalten des Ichs passt sich flexibler der vorgegebenen sozialen Struktur an.

Was soll daran ein Problem sein? Gesellschaftlich integriert zu sein, hat schließlich auch seinen Wert, wenn auch bloß einen relativen.

Damit der Psychologe uns helfen kann, müssen wir erst einmal ein Problem haben. Ohne Problem gibt es keine Diagnose, und ohne eine Diagnose gibt es keine Kostenrückerstattung durch die Krankenkasse. Ohne Probleme wäre die Arbeit des Psychologen ohne Legitimation; all die Jahre der Ausbildung, all die Diplome, die seine Expertise in der Kunst des Problemlösens bezeugen, wären nichts wert. Ohne Probleme riskiert der Psychotherapeut, daß man ihn der Quacksalberei anklagt.

Der Berufsstand der Psychologen kann ohne unsere Probleme gar nicht sein. Und so ergeht sich die Disziplin der Psychologie in der Entdeckung immer neuer Komplexe, Syndrome und Phobien. Ihr tiefster Wunsch ist es, als rationale, wissenschaftliche Methode anerkannt zu werden. Der Riesenapparat der psychologischen Ausbildung und Diplomierung, Forschung und klinischen Anwendung beruht auf der öffentlichen Forderung nach einer Beleg- und Überprüfbarkeit der Verfahren. Psychologen lieben Statistiken und Studien. Psychiater lieben stimmungsmodifizierende Medikamente und Neurotransmitter. Niemand mag wirklich über die schwammigen Ränder der Psychologie sprechen, die ziemlich schummerige Unterseite dieser Disziplin – die Therapeuten selbst. Während viele Therapeuten die besten Absichten haben und einige auch tatsächlich hilfreich sind, kann es der Scharlatan in diesem Metier doch sehr weit bringen. Und solange niemand diesen Scharlatanen mit Klagen das Praktizieren verdirbt, werden sie im Geschäft bleiben. Und selbst diese quasi-wissenschaftlichen Quacksalber hängen der Psychologie als einer Krankheitslehre an. Denn das ist der Schlüssel, der den Zugang zum Club verschafft. Wenn Sie behandeln wollen oder behandelt werden wollen, muss es ein Problem geben.

In der Psychologie sind ganze Bibliotheken mit der Beschreibung von Symptomen angefüllt worden, aus der Fülle dieser Literatur lässt sich eine jede Diagnose begründen. Wie ein Journalist der Boulevardpresse, der unter dem Druck des Redaktionsschlusses steht, findet der Psychologe eine Story – ob es sie gibt oder nicht. Der

Psychologe erschafft Pathologie, wo zuvor Leben war. Die Geschichte eines Individuums wird durch die Geschichte des Therapeuten ersetzt. Doch was ist die Geschichte der Psychologie? Beschäftigen Sie sich mal näher mit der bizarren Welt von Freud, dessen Schülern und Konkurrenten. Wollen Sie diese Leute wirklich an Ihrer Psyche herumdoktern lassen? Sehen Sie sich die Schöne Neue Welt der Medikamente etwas näher an, wie sie sich in den letzten fünfzig Jahren entwickelt hat. Glauben wir wirklich, Glück sei in einer Pille zu finden? Haben wir je einen Psychologiestudenten getroffen, der nicht eine verlorene Seele war auf der Suche nach der eigenen Identität, nach dem eigenen Glück? Gab es denn je einen Psychologen, der das Glück für sich selbst fand?

Wer Hilfe sucht, lässt sich nur allzu häufig von der Diagnose überwältigen und ergibt sich dem krank machenden Stoff, den der so genannte Heiler in seine Psyche injiziert. Nun kann ihm der Psychologe helfen, stundenweise, für ein gutes Honorar wird das Problem aufgedröselt. Aber dieses Problem ist nicht eigentlich unser Problem. Es ist das Problem mit der Psychologie.

Es ist wie bei dem Mann, der zum Arzt ging mit der Beschwerde, er habe am ganzen Körper Schmerzen. Wo immer er seinen Körper berührte, durchfuhr ihn ein starker Schmerz. Der Arzt war verwirrt und schickte ihn zu einer endlosen Reihe von Spezialisten. Alle notierten sie seine Symptome und erstellten gemäß der eigenen Spezialausbildung eine Diagnose und eine Prognose. Das Problem war übrigens – außer der Überzahl von Spezialisten –, dass der Mann sich einen Finger gebrochen hatte.

Unsere Wahrnehmung ist vernebelt. Alles, was sie berührt, scheint wehzutun.

Das Problem ist, dass unsere Frage so viel tiefer reicht als die Antwort. Das Dilemma unseres Lebens ist so viel größer als alles, was sich aus dem Blickwinkel der Psychologie überhaupt erfassen lässt. Und doch ist die Psychologie bereit, uns Antworten zu geben und uns mit Medikamenten voll zu stopfen. Die Psychologie scheut sich nicht, uns davon zu überzeugen, dass die Lösung für uns darin liegt, ihrem Kult der Konfusion beizutreten. Nur zu gerne machen wir mit. Wie alle Gruppen verleiht auch dieser Kult ein gewisses Maß an Sicherheit und Rückendeckung. Der Preis dafür ist gering: Es kostet zweihundert Mark die Stunde und die Seele. Die Krankenkasse kommt für den größten Teil davon auf.

Wenn wir von dieser Sekte wieder loskommen wollen – wohin können wir uns wenden? Wer wird uns noch unterstützen? Werden wir den Verstand verlieren, zusammenbrechen, sterben?

Wir erfahren einen Konflikt. Wir können uns nicht an die Psychologie wenden, damit sie ihn uns erklärt. Wir können ihn nicht lösen. Wir werden ihn nicht los. Der Konflikt, den wir spüren, ist nicht etwa ein Problem. Er ist eine Botschaft.

Das «Ich» ist nicht das Verhalten. Das Verhalten ist Konditionierung. Es ist eine Persönlichkeit, die wir schon früh in unserem Leben als einen Überlebensmechanismus angenommen haben. Dieser Mechanismus ist bar jeder Intelligenz und der inneren Natur nach leer, ganz ähnlich wie ein Computerprogramm. Diesen Konflikt zu lösen ist ein Ding der Unmöglichkeit. Alles, was uns als Ich besser funktionieren lässt, ist nur ein Heftpflaster. Indem wir die Krise beiseite schieben, schaffen wir eine Pathologie. Wir werden zwar besser funktionieren, aber der Konflikt wird immer noch da sein. Indem wir die Symptome unterdrücken, verlagern wir sie noch tiefer in die Psyche. Jetzt scheinen wir gut angepasst zu sein, ganz einfach weil unsere Konfusion weniger zugänglich ist.

Der Konflikt ist wesentlich. Er liegt dort, wo sich das Bündel an Vorstellungen, das wir unser «Ich» nennen, an der effektiven Grenzenlosigkeit der Welt reibt.

Wir können nicht lernen, uns zu integrieren; wir können nur herausfinden, dass wir bereits integriert sind. Der Konflikt ist unser Führer. Wenn wir ihn zudekken, verlieren wir den Faden, der zu dieser Entdeckung führt.

Kein Psychologe, der uns den Konflikt wegnimmt, kann uns zu dieser Entdeckung verhelfen. Kein psychiatrisches Medikament, das uns gegen diesen Konflikt abfedert, wird uns zu dieser Entdeckung verhelfen. Wir brauchen keine Hilfe; wir brauchen nur zu verstehen, dass es im Leben keine andere Wahl gibt, als dem Konflikt dorthin zu folgen, wohin er uns führt. Sind wir bereit, dorthin zu gehen, dann mögen wir das wahre Gesicht des Ichs und das Ende unseres Kummers finden.

Sind wir bereit, uns den Konflikt in unserer Ehe, an unserem Arbeitsplatz, daheim und in der Familie anzusehen? Sind wir bereit, den Konflikt in unserem Körper und Geist zu betrachten? Sind wir bereit, den Konflikt in der Gesellschaft, in unseren Kirchen und Tempeln, in unserer Regierung und in den Schulen zu betrachten?

Sind wir es nicht, so nennen wir diesen Konflikt ein Problem und suchen jemanden, der uns helfen kann, unser Problem zu lösen. Wir greifen zurück auf eine Reparatur, die für ein Weilchen hält – und das tun wir wieder und wieder. So schlagen wir uns durchs Leben.

Sind wir jedoch bereit, unseren Konflikt genauer unter die Lupe zu nehmen und nicht einfach wegzuschauen, so werden wir entdecken, dass wir uns in einer spirituellen Krise befinden. Unser Leben ist in Brand geraten. Unser Leben zerfällt. Alles, was wir aufgebaut haben und woran wir so hängen, wird zerschlagen. Wir sind in die dunkle Nacht der Seele eingetreten. Wir sind bereit zu sterben. Und wir erhaschen, zum ersten Mal in unserem Leben, flüchtige Blicke auf die Freiheit.

Wer anbietet, uns aus dieser spirituellen Krise zu befreien – oder wer eine Krankheit daraus macht –, erweist uns keinen guten Dienst. Zweifellos sind diese vermeintlichen Helfer selber vor der eigenen dunklen Nacht zurückgewichen und haben in der Psychologie ihre Art von Religion gefunden. Menschen aber, die jene Krise noch fördern, wohl wissend, dass sie uns weder helfen noch uns führen können, sind diejenigen, die selber dort gewesen sind.

Wenn die spirituelle Krise in unser Leben tritt, dann ist das ein Augenblick tief greifenden Wandels. Es ist der Moment, in dem wir zu den Wurzeln unseres Schmerzes vordringen können, zur Quelle unseres existenziellen Dilemmas. Wir müssen die Situation nicht reparieren, wir müssen nicht davor weglaufen, wir müssen sie nicht fürchten. Wir müssen gar nichts tun. Wenn wir gar nichts tun, dann bleibt uns nur das brennende Gewahrsein all dessen, was geschieht, also eigentlich dessen, was wir sind.

Die große, alles bestimmende Konditionierung eines Ich-Zentrums in Beziehung zu einer Außenwelt wandelt sich in diesem Gewahrsein – ebenso wie die kleineren Konditionierungen der Gewohnheiten und der Persönlichkeit. Das Gewebe unseres Lebens wandelt sich. Wir entdecken, dass der Wandel, genau das, wonach wir suchen, die Natur dieses Gewahrseins ist. Wir entdecken, dass wir der Wandel selbst sind. Dass es kein festes «Ich» gibt. Dass es kein hier oder anderweitig zu lokalisierendes «Ich» gibt. Dass es nur Gewahrsein gibt und als Ausdruck dieses Gewahrseins, den Wandel.

Für die Psychologie und für die meisten von uns sind solche Ansichten zu extrem. Im dumpfen Unbehagen unseres Lebens wollen wir in Ruhe gelassen werden. Wir benutzen die Psychologie, um dieses Unbehagen zu narkotisieren, wenn es droht, zu brennendem Schmerz aufzuflammen.

Wir verlangen von der Psychologie nicht, sie solle uns ein für alle Mal von diesem Schmerz befreien. Das wäre zu viel verlangt. Auch die Psychologie verlangt nicht von uns, dass wir uns ein für alle Mal von diesem Schmerz befreien. Auch das wäre zu viel verlangt. Wir befinden uns mit der Psychologie in einer Beziehung der Kodependenz, der wechselseitigen Abhängigkeit. Eine gesunde Beziehung ist das nicht. Werden wir uns klar darüber, dass wir tatsächlich eine Therapie nötig haben.

Hier kommt eine Therapiesitzung von einer Minute. Danach sind wir uns selbst überlassen. Wir haben kein Problem mehr – außer der Psychologie. Wir brauchen keine Therapie. Wir sind in einem Konflikt. Bleiben wir dran an dieser Tatsache. Dieser Konflikt ist akut; er rüttelt an unserer Welt. Lassen wir unsere Welt wanken. Lassen wir sie einstürzen. Alles, was stehen bleibt, ist das Leben selbst. Das Leben ist nicht im Konflikt.

Nun denn – wollen wir leben?

Wenn ich absolut nichts täte, so würde ich sterben

Sie kritisieren die Psychotherapie und schlagen vor, als Antwort auf einen Konflikt nichts zu tun. Dazu muss ich sagen, dass ich nicht weiß, was Sie damit meinen.

Wie können Sie herausfinden, was Nichtstun heißt, solange Sie nicht einmal nichts tun?

Wenn ich absolut nichts täte, so würde ich sterben.

Woher wissen Sie das?

Weil man mir das gesagt hat.

Ich schlage Ihnen vor, mal in Frage zu stellen, was man Ihnen gesagt hat. Finden Sie heraus, was tatsächlich wahr ist.

Ich soll riskieren zu sterben?

Riskieren Sie alles.

Ich bin trotzdem noch verwirrt.

Was ist falsch an Verwirrung?

Was ich in meinem Leben suche, ist innerer Friede und ein offenes Herz. Aber stattdessen lebe ich immer und immer wieder meine konditionierten Muster, die sich offenbar nicht kontrollieren lassen. Ich würde das Nichtstun ja gern darauf anwenden, sodass ich mein Leben nicht von Anfang bis Ende in Konditionierungen zu verbringen brauche.

Was unternehmen Sie gegen diese neurotische Konditionierung?

Im Grunde werde ich einfach immer nur tiefer und tiefer frustriert, jedes Mal wenn sie hochkommt. Und ich habe das Gefühl, diese Frustration nicht kontrollieren zu können.

Dann unternehmen Sie nichts dagegen.

Aber dann fühle ich nur, dass ich anfange innerlich zu kochen, dass ich ärgerlich werde, frustriert bin. Ich habe das Bedürfnis, das rauszulassen, was darauf hinausläuft, dass ich auf irgendjemanden wütend werde oder mich in irgendeine Aktivität stürze, um den ganzen Stress loszuwerden. Ich habe nicht das Gefühl, dass ich damit einfach stillsitzen kann.

Warum nicht?

Weil, wenn ich stillsitze, dann wird *das* zu einer Depression.

Wer sagt das?

Ich denke, das ist einfach das, was ich empfinde, wenn ich bloß stillsitze. Ich kann stillsitzen, wenn ich mich gut fühle, aber wenn ich deprimiert bin, dann mag ich dieses Gefühl nicht.

Also versuchen Sie diesem Gefühl zu entkommen?

Ja.

Das ist es also, was Sie wirklich tun: Sie unternehmen, was immer nötig ist, um diesem Gefühl der Depression zu entkommen.

Ich will mich gut fühlen, ich will glücklich sein, liebevoll, gütig und gebend. So möchte ich sein. Stattdessen finde ich mich deprimiert und wütend wieder. Das ist nicht das ganze Bild, aber eigentlich sollte ich mit dem Leben, das ich bisher gelebt habe, vollkommen glücklich sein. Ich habe alles, was ich brauche. Ich habe Geld, eine

Familie, Freunde. Ich habe gute Beziehungen, und trotzdem fühle ich mich traurig, eifersüchtig, wütend.

Aber dieses Gefühl vermeiden Sie, sodass Sie es nicht voll erfahren.

Ich erfahre es schon, aber nur für kurze Zeit, denn in dieser Stimmung will ich nicht bleiben.

Und was würde geschehen, wenn Sie in der Stimmung blieben?

Ich nehme mal an, ich würde nicht sterben.

Vielleicht würden sie es ja.

Ja, vielleicht.

Was ich mit Nichtstun meine, ist, dass Sie dem, was geschieht, nicht ausweichen. Das wird negativ formuliert, weil es keine Aktivität ist. Es will nichts von der vermeidenden Aktivität wissen.

Sie wollen also sagen, ich sollte mich hinsetzen und meditieren oder still sein, wann immer ich mich aktiv zerstreuen will, um diese Gefühle nicht zu haben? Aber ich muss doch in meinem Alltagsleben funktionieren.

Sie suchen weiter nach etwas, das Sie tun können.

Das will mir einfach nicht in den Kopf. Ich habe das Gefühl, ich brauche eine Methode.

Was für Resultate wollen Sie mit dieser Methode denn erzielen?

Ich suche nach Wegen, nicht mit meiner Erfahrung frustriert zu sein.

Aber Sie sind *frustriert! Was Sie wollen, ist eine Methode, die Sie belügt, die Ihnen sagt: «Nein, du bist nicht frustriert.» Aber Sie sind es.*

Ich sehe nicht ein, warum ich einen Teil meines Lebens frustriert verbringen sollte – wo ich doch so viel zu geben habe. Besser wäre ich unterwegs, um Menschen zu helfen.

Sie stellen da etwas in den Raum, das Ihnen widerfährt und das in Ihnen geschieht, das Sie aber nicht wollen. Es ist, als seien Sie von einem anderen Wesen besessen. Wonach Sie suchen, ist irgendeine Methode, mit der Sie dieses andere Wesen, welches ach so frustriert ist, austreiben können. Es gibt da draußen Tausende von Methoden, mit denen Sie sich von sich selbst abspalten können. Sie können ein positives und ein negatives «Ich» erzeugen, worauf Sie versuchen können, das «positive Ich» energetisch aufzuladen und sich von dem «negativen Ich» zu entfernen. Wenn Sie all das getan haben – haben Sie dann nicht immer noch dieses Positive und dieses Negative?

Sollte ich die Erfahrung dieser Gefühle einfach zulassen und mich nicht über mich selbst ärgern, wenn sie hochkommen? Sollte ich sie einfach geschehen lassen?

Was für eine andere Wahl haben Sie?

Ich schätze, ich habe keine Wahl.

Das Problem ist nicht, dass Frustration in Ihnen hochkommt oder dass Sie etwas erfahren, was Sie für negative Eigenschaften halten. Das ist ganz und gar nicht das Problem. Das Problem ist, dass Sie sich mit dem Negativen und dem Positiven identifizieren. Sie haben diese Makro-Konditionierung, die besagt, dass Sie als Ich-Zentrum existieren. Und Sie haben diese Mikro-Konditionierung, die Ihnen suggeriert, Sie sollten ein guter Mensch sein. Makro und Mikro versuchen, alle auftretenden Erfahrungen so unterzubringen, dass sie ihrer eigenen Beschreibung entsprechen. Nehmen Sie diese Beschreibung weg! Entfernen Sie die Konditionierung für einen Augenblick und sehen Sie sich einfach an, was tatsächlich geschieht! Das ist es, was ich Ihnen vorschlage zu tun, indem Sie nichts tun. Was ist tatsächlich da? Sie werden keinen guten Menschen und keinen schlechten Menschen finden. Sie werden überhaupt niemanden finden. Die Frustration besteht, weil Sie versuchen, jemand zu sein.

Wenn die Wut hochkommt, kann ich meine Gefühle ausdrücken, indem ich entweder losbrülle oder einen Waldlauf mache oder sonst etwas tue, das diese Wut physisch zum Ausdruck bringt. Oder ich kann einfach sagen: «Okay, das bin nicht ich, da ist gar nichts, also lass es einfach los.» Aber wenn ich es einfach loslasse, unterdrücke ich dann nicht meine Wut? Ich weiß oft einfach nicht, ob ich es rauslassen oder unterdrücken soll.

Und schon haben Sie sich in eine Vielzahl von Bestandteilen aufgespalten. Sie haben die Wut. Sie haben die Frage, ob Sie sie rauslassen oder unterdrücken sollen. Und Sie haben die Verwirrung, die hochkommt. Was, wenn Sie nichts von alledem täten? Wut kommt hoch, und Sie tun nichts. Was passiert dann?

Ich habe Angst davor, meine Wut zu verdrängen, dass sie mir dann im Bauch sitzen bleibt und ich davon Krebs bekomme und sterbe. Ich habe bei anderen Familienmitgliedern gesehen, wie sie ihre Wut und ihre Gefühle verdrängt haben, und das Ergebnis war, dass sie an Krebs gestorben sind. Das ist zu meinem Alptraum geworden.

Das ist Ihr Denken. Noch immer sind Sie dabei, etwas zu tun. Es ist die Idee, dass Sie herausfinden müssen, was Sie tun sollen. Dies ist Ihre Sucht. Sie finden heraus, dass Sie ein Leben in Angst führen. Und das heißt, etwas zu tun. Sie sagen sich: «Okay, ich will nicht an Krebs sterben, deshalb werde ich etwas gegen diese Wut unternehmen. Was soll ich tun? Soll ich sie zum Ausdruck bringen? Soll ich sie rauslassen? Ich bin verwirrt. Ich weiß nicht, was ich tun soll.» All das ist Denken. Was geschieht da tatsächlich? Sie wissen es nicht, weil Sie den Kontakt dazu verloren haben. Was geschieht tatsächlich, wenn Wut hochkommt und Sie in Bezug auf diese Wut absolut gar nichts tun?

Was bei mir geschieht, ist, daß sich dieses Gefühl immer mehr hochschaukelt, bis ich explodiere.

Das kommt daher, dass Sie etwas tun. Sie füttern diese Wut mit der Energie Ihrer Gedanken, die zwanghaft um die Wut kreisen. Jetzt haben wir also Wut, und wir haben unkontrollierte Gedanken über die Wut. Was, wenn Sie nichts dagegen unternehmen? Was geschieht? Das ist der Punkt, an dem Sie selbst da hineingehen müssen. Sie müssen es durch eigene unmittelbare Anschauung herausfinden. Ich kann hier noch mehr Worte darüber machen, aber ich glaube nicht, dass das hilfreich wäre.

Woher soll ich wissen, wann ich nichts tue?

Sie werden es nicht wissen. Der, der weiß, wird nichts wissen, weil kein Wissender da sein wird. Nichtstun ist ein natürlicher Zustand, in dem es keinen Macher gibt. Da ist niemand, der versucht, mit der Wut umzugehen. Da ist niemand, der sie rauslassen oder unterdrücken könnte. Da ist niemand, der explodieren könnte. Da ist niemand, der Krebs bekommen kann. Und da ist tatsächlich auch keine Wut. Wut ist ein Wort. Und an diesem Wort macht sich ein ganzer Rattenschwanz von Konditionierungen fest. Das, was tatsächlich vor sich geht, ist eine Bewegung von Energie, die keinerlei Zentrum hat. Sie versuchen, an etwas heranzukommen, das Sie selbst hervorgebracht haben und das durch Ihre eigenen Konditionierungen und Ihre Erziehung hervorgebracht worden ist. Sie versuchen, durch noch mehr Hervorbringungen Ihres Geistes da heranzukommen. Das ist der Macher. Wut entsteht, wo das Denken den Fluss der Energie blockiert. Sie ist eine Einschränkung der Bewegungsfreiheit von Energie. Das Denken, das bereits eine Einengung von Energie ist, fragt sich, wie es die Energie noch mehr eindämmen kann, sodass es zu keiner Eindämmung mehr kommen soll. Sie können die Sache nicht aus der Richtung des Denkens angehen, weil Denken das Problem ist. Bis Ihnen das klar wird, werden Sie im Kreis herumlaufen. Sie können die Energie nicht einengen und zugleich eine Ausweitung erfahren. Sie können nur nichts tun. Da ist nur Energie. Und die findet von sich aus Ausdruck.

Wie soll ich, wenn das so läuft, noch mit einer anderen Person eine Beziehung haben können?

Wie können Sie eine Beziehung haben, wenn das nicht *so läuft?*

Aber was ist mit den Vereinbarungen, den Bedingungen, den Ausdrucksformen, in deren Rahmen zwei Menschen zusammenleben?

Die Vereinbarung ist, dass wir nicht wissen, was eine Beziehung ist. Die Bedingung ist, dass wir in jedem Augenblick entdecken, was gerade tatsächlich los ist. Die

Ausdrucksform ist die Schönheit, die sich einstellt, wenn zwei Menschen aufhören, an ihrer Beziehung herumzumachen und die Bahn frei machen für die Liebe.

Was soll bei einer solchen Einstellung eine Beziehung zusammenhalten?

Nichts hält sie zusammen. Eine Beziehung besteht in Freiheit und ohne Eingrenzung. Es gibt kein Risiko des Verlustes, weil wir von Anfang an nichts besitzen oder kontrollieren. Die Liebe kann nirgends anders hingehen als da, wo sie ist. Und wo sie ist, ist überall.

Was bringt dann zwei Menschen zusammen?

Sollte die Frage nicht eher lauten: Was ist es, das zwei Menschen auseinander zu bringen scheint? Liegt das Rätsel nicht vielmehr in der Illusion der Trennung? Die unabwendbare Tatsache des Einsseins ist unser natürlicher Zustand. Wir werden aus diesem Zustand geboren und darin sterben wir. Warum also leben wir, als seien wir getrennt?

Wie kann ich das verwirklichen?

Verwirklichung setzt einen Glauben an Trennung voraus, den Glauben an einen bestimmten Prozess oder an ein Wissen, an etwas, was die Trennung beenden wird, an etwas, das Sie, wenn Sie sich genug bemühen, mit der Zeit zu einer Lösung führen wird, die gemäß Ihren Vorstellungen auf Sie wartet. Ihr Bemühen und diese Vorstellung von Zeit drängen die Verwirklichung aber immer weiter von Ihnen weg. Ein der Verwirklichung gewidmetes Leben ist also die ziemlich anstrengende Sache eines dauernden Bemühens. Einssein braucht nichts. Es ist unmittelbar präsent. Längst sind wir dort angekommen, haben wir es doch nie verlassen.

Gemeinschaft und Familie

> *Drei Dinge sind es, auf die es im Leben ankommt. Das erste ist Freundlichkeit. Das zweite ist Freundlichkeit. Und das dritte ist Freundlichkeit.*
> WILLIAM JAMES

Kinder bekommen wir nicht aus Liebe. Seien wir doch wenigstens in dieser einen Sache ehrlich.

Wir bekommen Kinder aufgrund von Konfusion, aus Begierde, aufgrund unserer Vorstellungen und aus einem Bedürfnis nach Sicherheit. Meist machen wir uns einfach keine Gedanken darüber, warum wir Kinder bekommen – wir tun es einfach. Die Biologie treibt uns dazu. Das genetische Material verlangt nach Fortsetzung und Verkörperung.

Aber nicht aus Liebe bekommen wir Kinder. Liebe würde sich wohl kaum dadurch ausdrücken, ein Kind in die Welt zu setzen, das jenen Schmerz erleben wird, den aufzulösen wir selber nicht imstande waren. Aus Liebe würden wir Kinder wohl kaum zu den Erben unserer Verwirrung und unserer Angst bestimmen.

Das tiefe Gefühl, das wir für unsere Kinder empfinden, nennen wir Liebe, aber es ist Anhaften. Liebe ist etwas ganz anderes.

Unser Anhaften mag sich als Pforte zur Liebe erweisen. Wahrscheinlicher ist, dass das Haften an unseren Kindern sich als Tor zur Hölle erweisen wird. Das Anhaften mag die Funktion haben, unsere Kinder zu beschützen, während sie aufwachsen. Das ist in Ordnung. Schützen wir die Kinder. Aber dasselbe Anhaften wird das Kind und uns selbst beeinträchtigen, wenn wir nicht loslassen können.

Liebe produziert keine Kinder, aber Liebe muss sie aufziehen. Und schließlich wird Liebe sie gehen lassen. Nicht wir können unsere Kinder aufziehen. Wenn wir das tun, so werden sie wie wir. Das wäre eine ziemliche Tragödie. Stattdessen wollen wir uns selbst ganz aus dem Weg nehmen. Lassen wir stattdessen Liebe unsere Kinder aufziehen.

Aus unserer Verwirrung heraus haben wir ein Kind hervorgebracht. Jetzt müssen wir uns aus weiterer Verwirrung heraushalten, um es aufziehen zu können. Wenn es so etwas wie eine spirituelle Arbeit überhaupt gibt, so ist es das. Diese Herausforderung ist total und unerbittlich. Das Opfer, das wir bringen müssen, sind unsere gesamten Konditionierungen. Die Strafe für ein Versagen ist eine weitere konditionierte Generation in der endlosen Kette menschlichen Leidens.

Während des Säuglingsalters sind wir Sklaven des Kindes. Das Neugeborene ist zur Erfüllung seiner Bedürfnisse vollständig auf uns angewiesen. Sein Schrei ist eine Aufforderung. Indem wir darauf antworten, schaffen wir beim Kind die Basis für ein Gefühl der Sicherheit und die Möglichkeit, dass es selbst beginnt, Entdeckungen zu machen. Dieses vorsprachliche Stadium ist der Zeitraum, in dem sich ein wichtiger Teil der Persönlichkeit herausbildet.

Während das Kind seine Sprache, seine Identität und seinen Willen entwickelt, müssen wir eine Umgebung für es schaffen, die ihm Raum gibt und ihm Freiheit gewährt. In dieser Umgebung wird das Kind von uns verlangen, dass wir vollständig in Kontakt sind und uns auf eine intime Beziehung einlassen – gerade die Dinge, nach denen wir uns angeblich so sehnen und vor denen wir uns doch so sehr fürchten.

Die Versuchung wird groß sein zu probieren, das Kind in unsere Welt einzupassen, in unseren Stundenplan, in unsere Alltagsmuster. Stets werden wir versucht sein, das Kind zu konditionieren, es zu sozialisieren, ihm die Regeln einzutrichtern, die uns selbst eingetrichtert wurden.

Ein Kind lernt aus unserem Sein, nicht aus unseren Worten. Ein Kind beobachtet, welche Eigenschaften sich in unserem Leben auch tatsächlich manifestieren. Wenn es gilt, etwas zu tun, so lasst es uns tun. Wenn es gilt, etwas zu lassen, lasst es uns lassen. Lasst uns unsere Ratschläge für das Kind leben. Lasst uns den Kindern die Möglichkeiten einer liebevollen Existenz vorleben.

Das Kind wird geleitet durch seinen inneren Willen, die ihm angeborenen Neigungen und Eigenschaften. Das ihm innewohnende Gedächtnis seines genetischen Materials wird mit den Kräften seiner Umwelt in eine Wechselwirkung treten, und die Natur des Kindes wird sich spontan herausbilden.

Später dann kann sich ein Kind von dem Gedanken befreien, dass wir seine Eltern sind. Frei von dieser Idee tritt das Kind hinaus in ein Leben als Erwachsener. Die Beziehung zu den Eltern besteht fortan nur noch weiter, wenn sie auf gegenseitigem Verständnis beruht, nicht auf Pflicht oder Schuld.

Wie ein Kind, das so aufgewachsen ist, später als Erwachsener die nächste Generation aufzieht, könnte grundlegend anders sein. Ein solches Kind könnte vollkommen anders mit seiner Umwelt umgehen. Wir wissen es nicht, denn wir sind nicht diese Generation Kinder. Wir wissen nichts darüber, wie freie Menschenwesen sein und handeln werden.

«Transformierte» Kinder lassen sich von uns nicht einfach produzieren, wenn wir das beabsichtigen. Wir können aber unseren ganzen mentalen «Müll» aus dem Geschäft der Kindererziehung heraushalten. Wir können unser konditioniertes Zentrum aus dem Prozess heraushalten.

Was passiert, wenn Eltern ihren Kindern die eigenen Konditionierungen eintrichtern, wissen wir – denn diese Kinder sind wir ja. Nun wollen wir herausfinden, wie Kinder sein werden, wenn wir uns selbst, unsere Vergangenheit und unsere Konditionierung ganz und gar aus deren Erziehung heraushalten.

Wer unbedingt Kinder haben will – es gibt bereits genug. Überall auf der ganzen Welt gibt es Kinder, die verlassen wurden, die vernachlässigt werden und Not leiden. Lasst uns diese Kinder zu uns holen. Lasst uns diese Kinder aufziehen. Dann werden wir Kinder haben. Wir brauchen nicht noch mehr in die Welt zu setzen – wir werden uns um die kümmern, die bereits da sind.

Warum sollte das nicht gut für uns sein? Warum müssen wir uns reproduzieren und noch mehr Kinder hervorbringen? Ist unser biologischer Imperativ so viel stärker als unser Verlangen, ihn zu verstehen? Das «Ich» reproduziert sich selbst; es sucht Sicherheit und Kontinuität in biologischer Nachkommenschaft. Das «Ich» verlangt nach der Erfahrung von Gebären, Mutterschaft oder Vaterschaft.

Währenddessen spielen Kinder auf Müllhalden, sterben an Seuchen, Hunger, Hoffnungslosigkeit. Jene, die es fertig bringen, zu überleben, werden wiederum eigene Kinder in Armut haben.

Und unsere Kinder werden wegschauen und eigene Kinder haben, privilegierte Kinder, Kinder, die gelernt haben wegzuschauen.

Wir werden Kinder hervorbringen. Das liegt in unserer Natur. Daran ist nichts Schlechtes. Wir brauchen deshalb keine Schuldgefühle zu haben oder verwirrt zu sein. Kinder sind wunderbare, wunderschöne Wesen. Setzen wir Kinder in die Welt, adoptieren wir Kinder, betreuen wir Kinder – aber unterlassen wir es, ihnen unsere Konditionierung einzutrichtern. Lassen wir sie sein, was sie sind – frei.

Und wenn wir schon einmal dabei sind: Lasst uns auch unsere Familienstruktur aus der Erziehung der Kinder heraushalten. Schließlich wissen wir ja nicht einmal wirklich, was eine Familie ist. Wird eine Familie definiert durch Blutsverwandtschaft, Konventionen oder Vorschriften religiöser Natur?

Historisch gesehen ist die Familie durch die Ehe von Mann und Frau, die Zusammenführung ihrer materiellen Mittel und die Erhaltung ihrer Kinder definiert worden. Die Einhaltung dieser Normen wurde von den religiösen Traditionen, den kulturellen Sitten und dem Gesetz erzwungen. Heute unterliegt diese Vorstellung von Familie einem radikalen Wandel. In den wirtschaftlich entwickelten Ländern folgt auf die Ehe die Scheidung und eine neue Ehe. Die materiellen Güter werden durch Eheverträge zugeteilt oder durch das Scheidungsurteil eines Gerichts aufgeteilt.

Den Religionen entzieht sich der Zugriff auf diese Angelegenheiten zunehmend. Die gesellschaftlichen Traditionen verändern sich. Die Gesetze werden ständig neu geschrieben. Zumindest in den Vereinigten Staaten wird der Ausdruck «eine normale Familie» inzwischen als etwas Widersinniges empfunden. Familienverhältnisse außerhalb der Norm sind zur Norm geworden. Menschen, die nie geschieden wurden und die in einer Ehe mit ihren biologischen Kindern zusammenleben, sind mittlerweile die Ausnahme, nicht die Regel.

Liegt der eigentliche Sinn der Familie vielleicht in einem Zusammenschluss von Menschen verschiedener Generationen aufgrund von Liebe?

Vielleicht funktionieren traditionelle Familien einfach nicht. Wenn Familien glückliche Menschen hervorbrächten, würden wir wohl nicht in dieser Katastrophe stecken. Schließlich leben wir seit Jahrtausenden in Familien.

Überall auf der Welt gibt es einen Konflikt zwischen dem Recht der Eltern, ihre Kinder zu kontrollieren, und den Ansprüchen des Staates. Weder der eine noch der andere Rechtsanspruch ist authentisch. Weder der Staat hat Rechte am Kind, noch sollten Eltern diese Kontrolle haben. Die Rechte liegen beim Kind, und wir sind lediglich Beschützer und Verwalter dieser Rechte – des Rechts auf Nahrung, Wohnung, Kleidung, Erziehung, Liebe und Freiheit.

Lassen wir für einen Moment den ganzen religiösen und sozialen Überbau beiseite, dieses Gedankengerüst, welches Familien stützt und definiert, was an ihnen gut ist.

Was steht dahinter? Zwei Erwachsene, die sich gegenseitig langweilen und aufeinander wütend sind; isolierte und traurige Kinder; Großeltern, die sich nutzlos fühlen und der Vereinsamung überlassen werden. Warum befreien wir sie nicht alle aus den Einschränkungen, in die sie eingebunden sind? Und dann verändern wir die Form.

Unglückliche Eltern gehen auseinander, auf der Suche nach Liebe. Unglückliche Kinder suchen Führung und Sicherheit. Unglückliche Großeltern suchen nach Kontakt und einer Funktion in ihrem Leben. Was, wenn die grundlegende gesellschaftliche Einheit fortan auf folgenden Eigenschaften gründen würde: Liebe, Sicherheit, Führung, Kontakt und Funktion? Was, wenn die Familieneinheit nicht länger definiert würde durch ein monogames Paar und dessen biologische Kinder, mit Oma im Dachstübchen oder im Altenheim?

Dann könnten wir an eine Form des Zusammenlebens denken, die mehrere Generationen umfasst, deren Existenz auf einer tatsächlichen und von den Mitgliedern so empfundenen Gegenseitigkeit beruht. Vielleicht lebt diese Gemeinschaft in einem einzigen Haus oder in einer Ansammlung von Häusern zusammen. Das könnte eine einzelne Person sein, eine traditionelle Familie, eine Großfamilie, eine polygame oder polyandrische Familie, eine Kommune oder ein Dorf. Die Struktur ergäbe sich aus der inneren Verbundenheit und nicht aus dem Druck der Gesellschaft, der Familie, der Religion. Was eine solche Gemeinschaft auszeichnen würde, wissen wir nicht, weil wir das tatsächliche Potenzial der Beziehung von Menschen noch nicht kennen. Wir wissen nur, dass die bekannten Strukturen versagt haben. Sie sind nicht mehr zu retten, und sie sind es nicht wert, gerettet zu werden. Sie gründen auf der Vergangenheit und wir sind heute längst woanders.

Und warum heiraten wir? Fürchten wir die Beziehung so sehr, dass wir sie durch gesetzliche Bande binden und zusammenhalten müssen?

Die Ehe ist ein Ausdruck von Druck, von sozialem, familiärem und religiösem Druck. Ihr Zweck ist es, unsere sozialen Strukturen zu festigen. Ehe hat nichts mit Liebe und Beziehung zu tun.

Wir können einander nicht besitzen. Wir können einander nicht kontrollieren. Der Druck des Gesetzes und der Gesellschaft führt nicht zu einer Vermählung. Eine Vermählung erwächst aus der unmittelbaren Erfahrung der grenzenlosen Natur des Lebens. In dieser Erfahrung finden wir, mit oder ohne Bestätigung durch die Gesellschaft, zur Vermählung.

Und diese eine Beziehung steht für alle Beziehungen, die wir zueinander eingehen. Wir alle sind miteinander vermählt. Doch nur wenige erkennen das, nur wenige bringen diese Verbundenheit in der Intimität eines Zusammenlebens zum Ausdruck, in dem sie ihre Lebensfunktionen und ihre materiellen Mittel koordinieren.

Ohne Einbezug dieser umfassenden Verbundenheit kann eine Ehe nicht gedeihen. Eine Ehe, die gleichbedeutend ist mit «zwei gegen den Rest der Welt», wird schließlich von ihrer eigenen begrenzten Perspektive, ihrer Selbstbezogenheit und ihren Ängsten aufgezehrt. Und doch will man uns glauben machen, gerade das sei es, wonach wir streben sollten. Das ist die Beziehungsform, die in Filmen und Romanen gepriesen wird. Sie ist das, was für uns «im Buche steht».

Die exklusive Ehe muss sich, koste es, was es wolle, gegen Eindringlinge schützen. Kein Mann und keine Frau, die außerhalb dieser Ehe stehen, darf es wagen, die Intimität, die innerhalb des exklusiven Bundes besteht, zu erfahren, weil diese sonst zu zerbrechen droht. Kein Kind außer den biologischen Nachfahren kann in diesen Bund aufgenommen werden. Niemand aus der älteren Generation kann in diese Verbindung einbezogen werden, höchstens – und selbst das nur widerwillig – die biologischen Großeltern.

Die exklusive Ehe besteht, um sich selbst zu schützen, um einem überlebenden Ehepartner und den Kindern aus dieser Ehe den Lebensunterhalt sicherzustellen. Die Umwelt wird nur insoweit anerkannt und mit ihr in eine Wechselwirkung treten, als die Umwelt dazu dient, die Exklusivität der Ehe zu bestärken. Doch die exklusive Ehe existiert weiter inmitten der Leugnung ihres eigenen Versagens, inmitten des ihr eigentümlichen Unglücks, inmitten ihres Mangels an Kreativität und Nützlichkeit.

Das Versagen der exklusiven Ehen ist letztlich weitaus häufiger als ihr Erfolg. Aber diese Form des Zusammenlebens besteht weiter. Sie besteht weiter, weil wir schlafen und uns keinen anderen Weg vorstellen können. Die exklusive Ehe ist eine Ehe aus Furcht.

Doch es *gibt* einen anderen Weg. Er besteht in der Freiheit, die auf Alleinsein beruht. Wenn wir wach sind, können wir keine exklusive Beziehung schmieden; wir können nur in Freiheit und Verantwortung zueinander in Beziehung treten. Die exklusive Ehe transformiert sich dann in eine inklusive Ehe. Das ist eine Ehe, die für alles offen ist, dem sie begegnet – intim mit allem. Einige, die sich begegnen, bleiben zusammen und teilen ihre Mittel und ihre Verantwortung. Andere werden zu dieser Gruppe in Beziehung stehen, und sie tun es aus ihren eigenen Lebensumständen heraus. Der möglichen Formen sind viele, die Essenz bleibt die eine: Offenheit und Inklusivität.

Diese Einschließlichkeit kann der Ausdruck des Lebens eines Einzelnen, des Lebens eines Paares oder des Lebens mehrerer Individuen sein.

Inklusive Vermählungen – spontan zustande kommende intime Gruppierungen von Individuen verschiedener Altersgruppen – existieren nicht getrennt vom Rest der Welt. Ihrer Natur nach beziehen sich solche Beziehungen aufeinander, ihr Beziehungsgeflecht bildet Stämme und Dörfer und letztlich städtische Ballungsgebiete.

Aus der Summe dieser Gruppierungen kann eine neue Kultur entstehen, eine Kultur der Einschließlichkeit.

Die gesellschaftlichen Formen, in denen sich das Leben abspielt, unsere Familien, Schulen, Kirchen, die Gesellschaft als Ganzes, sind uns alle nicht bewusst; sie waren schon da und wir haben sie übernommen. Dies ist unsere

Realität; dies ist die Welt, in der wir uns abrackern, in der wir erfolgreich sind oder scheitern.

Eine Ratte im Labyrinth eines Verhaltensforschers ist erfolgreich, wenn sie es bis zum Ausgang schafft, wenn sie den Hebel bedient, was mit einem Korn Futter belohnt wird. So ist unser Leben. Das Labyrinth ist das Labyrinth des Denkens – des kollektiven Denkens, des Denkens der Gesellschaft. Sind wir damit zufrieden?

Dem Labyrinth zu entkommen, ist kein leichtes Unterfangen. Jedes Gefäß übt Druck auf uns aus. Und dieser Druck ist enorm. Machen wir auch nur den kleinsten Schritt in eine andere Richtung, beginnt unsere Welt sich aufzulösen.

Bestimmt ist das nichts, was man leichtnehmen sollte. Sehen wir uns an, wie es in unserem Leben aussieht. Sind wir bereit, alles, was wir sind, alles, womit wir uns identifizieren, den Bach runtergehen zu lassen, sodass etwas völlig Neues auftauchen kann? Das ist der Preis, den wir zahlen werden. Da gibt es kein Wenn und Aber. Und es gibt auch kein Zurück.

Glaube und Ungewissheit

Das, was ich dir hier offenbart habe, ist wahr; es gibt keinen Gott, kein Universum, keine menschliche Rasse, kein Erdenleben, keinen Himmel, keine Hölle. Das ist alles nur ein Traum – ein grotesker und törichter Traum. Nichts existiert außer dir. Und du bist nur ein Gedanke – ein wandernder Gedanke, ein müßiger Gedanke, ein heimatloser Gedanke, der ganz allein durch die leeren Ewigkeiten wandert!
Mark Twain

Durch den einfachen Akt des Lebens sind wir bereits in Spiritualität eingetaucht.

Wäre es möglich, dass es gar kein besonderes spirituelles Leben zu führen gibt? Könnte es sein, dass ein dem Heiligen gewidmetes Leben eine Erfindung unserer romantischen Selbstverliebtheit ist? Schließlich bedarf das Leben keiner Überlagerung durch unsere Gedanken. Das Leben ist alles – die Totalität. Die Sache wird nicht spiritueller, als es diese Totalität bereits ist.

Das ist ein beunruhigender Gedanke für jene unter uns, die für sich einen spirituellen Weg gewählt haben, die viel Zeit und Energie investiert haben, um ihren Glauben mit ihrem Leben in Übereinstimmung zu bringen. Das ist ein besonders beunruhigender Gedanke für all jene, deren Berufung und Lebensunterhalt darin liegt, andere zu lehren, wie man ein spirituelles Leben führt.

Wenn wir im Geistigen doch bereits baden, dann brauchen wir eigentlich keine Religion, keine Kirche und keine Rituale mehr.

Und doch ist unsere Welt voller religiöser Institutionen. Einige von ihnen versuchen, die Mystik zu verkörpern, die das Leben ausstrahlt. Vielleicht spiegeln gewisse religiöse Strukturen, die voller Lebendigkeit sind, die Intensität jener wider, die ihnen Leben verleihen. Weitaus häufiger jedoch stecken die Formen religiösen Ausdrucks fest im Sumpf blinder Gewohnheiten und eines Strebens nach Macht.

In diese Welt stagnierender Spiritualität lassen wir uns nur locken, wenn wir davon überzeugt sind, in einer aufgesplitterten Welt zu leben. Befinden wir uns in einer Welt von Gut und Böse, Sündern und Heiligen, Belohnung und Strafe, so treibt es uns dazu, eine Institution, einen Lehrer und eine Philosophie zu suchen, die sicherstellen, dass wir im Leben und, wichtiger noch, im Tod auf der richtigen Seite stehen. Wir möchten unserer persönlichen Ungewissheit ein Ende machen, indem wir blind die absolute Gewissheit eines Glaubens annehmen.

Doch Ungewissheit und Glaube sind nur im Denken zweierlei. Tatsächlich sind sie ein und dasselbe. Glaube kann ohne Ungewissheit nicht existieren. Das Gute kann nicht ohne das Böse sein. Die Heiligen dieser Welt hätten keine Arbeit ohne die Sünde. All diese dualistischen Eigenschaften sind voneinander abhängig. Wenn wir diese wechselseitige Abhängigkeit wahrnehmen, so verschwindet der Dualismus. Denn beide Seiten sind keine voneinander unabhängigen Eigenschaften, sondern Aspekte ein und derselben Sache.

Wie definieren wir dann unsere Kirche? Wir können nicht länger einen Unterschied postulieren zwischen Gläubigen und Gott, Gemeinde und Priester, Zugehörigen und Außenstehenden. Alles, woran der Verstand sich festhalten will, entzieht sich unserem Griff. Bei dieser Kirche finden wir weder Anfang noch Ende; ebenso wenig lässt sich etwas finden, das spirituell ist, und etwas anderes, das es nicht ist.

Wenn das Leben eine Ganzheit ist, dann gibt es nichts Spirituelles. Und alles, was ist, ist spirituell. Unsere Konditionierung ist spirituell, unsere Wut ist spirituell, unsere Dummheit ist spirituell. Warum gibt es keine spirituellen Lehrer, die uns Techniken zeigen, mit denen wir unsere Verhaltensmuster, unsere Wut und unsere Dummheit kultivieren können? Warum werden wir immer darin unterwiesen, wie wir uns von unserem misslungenen Leben weg- und zu einem ruhmvollen Leben hinzubewegen haben?

Was ist, wenn nichts davon wahr wäre? Was, wenn sowohl das misslungene Leben als auch das ruhmvolle Leben nur Fiktionen eines religiösen Gemüts wären? Was, wenn uns nur die nackte Tatsache des Lebens bliebe, der rohe Geist dessen, was sich gerade ereignet – ohne Interpretationen und ohne eine Person, die interpretiert?

In einer Lehrgeschichte wird ein Rabbi nach dem Unterschied zwischen den aufrechten Menschen und den schlechten Menschen gefragt.

«Die Wahrheit ist», antwortet der Rabbi, «dass sowohl die aufrechten als auch die schlechten Menschen ständig sündigen. Aber der aufrechte Mensch weiß: Solange ich lebe, sündige ich. Der schlechte Mensch weiß: Solange ich sündige, lebe ich.»

Ein Mystiker würde wohl antworten, dass es ein Leben gibt, welches weder aufrecht noch schlecht ist.

Die Mystiker aller religiösen Traditionen sind auf dieses Leben jenseits der Gegensätze am äußersten Rand ihrer eigenen spirituellen Strukturen gestossen. Der Zusammenbruch des Bekannten, das Ende jeder Bemühung, die dunkle Nacht der Seele, wo selbst das inbrünstigste Gebet unbeantwortet bleibt, hier liegt auch das Ende der Welt der Dualität. Dieser Zusammenbruch ist das Ende der Religion, weil er das Ende des Ichs ist. Er ist das Ende der Hoffnung, das Ende der spirituellen Suche, das Ende des Sinns. Er ist die absolute Finsternis, eine Welt ohne Unterschiede.

Aber selbst dieser Zusammenbruch ist nicht das Ende, weil selbst er zusammenbrechen wird. Dieser Zusammenbruch des Zusammenbruchs wird zu einer Explosion der Liebe, zum Ausdruck Gottes im Anbetenden, des Formlosen in der Form. Da ist kein Gott, den man anrufen könnte, denn Gott manifestiert sich bereits vollkommen im Mystiker. Da ist keiner, der Gott anrufen könnte, weil der Mystiker denjenigen, der einst von Gott getrennt war, nicht mehr aufzufinden vermag.

Nun sind die religiösen Formen und Rituale erfüllt von der Tatsächlichkeit grenzenloser Liebe. Der Mystiker kehrt zurück zu einem Leben des Gebets und der Hingabe. Nun ist die religiöse Form ein Ausdruck der Gesamtheit.

Wenn wir also eine Kirche, einen Tempel, einen Ort des religiösen Ausdrucks haben wollen, lässt sich so etwas auf dieser Erfahrung bauen? Lässt sich auf diesem Fundament eine mystische Kirche errichten? Dann können wir unsere Spiritualität nicht nur an besonderen Orten und an besonderen Tagen, sondern in den gewöhnlichsten Verrichtungen des Alltagslebens praktizieren.

Was, wenn wir das Dogma, den Mythos, den Klerus, die Verheißungen und die Sicherheit über Bord werfen? Brauchen wir wirklich jemanden, der zwischen uns und dem Leben vermittelt? Können wir allein dastehen inmitten des Lebens und dessen Natur ins Gesicht blicken, unserer eigenen Natur? Können wir ein Leben führen, das durch und durch gut ist, ohne angetrieben zu sein von der Verheißung künftiger Erlösung?

Wenn das möglich ist, so lasst es uns tun.

Vermögen wir das nicht, so lasst uns eingestehen, wie sehr uns Angst und Selbstsucht beuteln. Vermögen wir es nicht, so lasst uns zugeben, dass unsere Religion die Anbetung unserer selbst ist, die Verehrung unseres Überlebens, unseres Vergnügens und unserer Sicherheiten. Und Gott lassen wir dabei wohl besser aus dem Spiel.

Denken, Wirklichkeit und das Internet

Wie kann es durch Denken zu einer Verbindung zwischen zwei Menschen kommen?

Denken ist Wirklichkeit. Wir teilen eine Wirklichkeit. Wir teilen Denken.

Wie wird solches Denken aber angestoßen? Woher kommt es? Plötzlich kommt mir ein Gedanke – ich sollte einen bestimmten Menschen anrufen –, da klingelt das Telefon und diese Person ist am Apparat.

Ihr Denken, das Denken der Person und das klingelnde Telefon sind ein und derselbe Gedanke.

Aber da gibt es noch eine andere Person, die nicht anruft, obwohl ich auch an diese Person denke.

Das ist ein sich selbst erklärendes Ereignis. Wenn da kein Anruf ist, ist da auch kein Gedanke. Wo kein Gedanke ist, ist keine Wirklichkeit.

Es muss auch so sein, dass ich Gedanken abblocke. Warum denke ich nicht jedes Mal, wenn das Telefon klingelt, an die betreffende Person?

Weil das nicht in Ihre Wirklichkeit passt. Ihre Wirklichkeit ist eine sehr eingeengte Form von Wirklichkeit. Man hat Sie dazu erzogen, rational zu denken. Man hat Sie dazu erzogen zu denken, dass Sie ein Individuum sind, welches von seiner Umwelt getrennt ist. Das ist Ihre Wirklichkeit. Ihre Wirklichkeit läßt gegenseitige

Verbundenheit weder zu, noch kann sie sie zum Ausdruck bringen.

Ich kann das schon tun.

Sie können es tun, aber dann verlieren Sie Ihr Zentrum. Was, wenn die Welt tatsächlich von uns konstruiert wird, sodass Denken Wirklichkeit ist. Sie denken «Freund» und das Telefon klingelt. Was fangen Sie damit an? Wenn Sie in dieser Welt denken «Krieg», dann drückt jemand auf einen Knopf und schickt eine Bombe los. Wenn Sie denken «Wut», dann hat jemand einen Herzanfall. Wenn Sie denken «Habgier», dann geht jemand Bankrott und dessen Geld erscheint auf Ihrem Konto. Wüssten Sie damit denn umzugehen?

Nein, denn ich kann meine Gedanken nicht kontrollieren, und mein Denken ist keineswegs die reine Liebe.

Stellen Sie sich das vor wie das Internet. Sie haben Ihr Passwort und Sie haben Ihre E-Mail-Adresse. Das sind Sie. Von hier aus können Sie sich Zugang zu anderen Menschen verschaffen. Ihre Botschaft kann im selben Moment auf deren Computer auftauchen wie auf Ihrem. Sie können beide dieselbe Botschaft im selben Moment lesen. Die Botschaft existiert im Grunde gleichzeitig im gesamten Internet. Andere könnten sich von jedem Cyber-Zugang in dieselbe Domäne einloggen und diese Botschaft dort vorfinden, aber diese Leute befinden sich nicht in jener Domäne. Sie sind in ihrer eigenen Domäne und sprechen mit den Leuten, mit denen sie sprechen wollen.

Ist im Internet nicht die gesamte Information, die gesamte Internet-Wirklichkeit, zu jedem Zeitpunkt vorhanden? Hat man nicht auf jede Information im Internet jederzeit Zugriff? Natürlich ist das Problem mit dem ständigen Zugriff auf alles, dass es einfach zu viel wäre. Wir hätten nicht genug Speicherkapazität. Wir könnten gar nicht alles lesen.

Dann droht das Leben uns zu überwältigen. Wenn wir in einem Dritte-Welt-Land aus dem Flugzeug steigen und beginnen, all den Hunger, all den Schmerz, all die Armut, all die Traurigkeit wahrzunehmen, dann spüren wir plötzlich alles, und als Nächstes wird uns klar, dass wir einfach nicht alles spüren können, weil das zu viel für uns wäre. Also verschließen wir uns und konzentrieren uns auf den nächsten Schritt, den wir für uns selbst tun müssen.

Auf die Weise konstruieren wir Wirklichkeit.

Gibt es auch einen Weg, zu einer ganz bestimmten Person Zugang zu erhalten? Kann ich mich tatsächlich hinsetzen und einem anderen auf telepathischem Weg eine Botschaft übermitteln?

Warum nicht?

Ich habe das Gefühl, dass das bei einigen Menschen funktioniert, bei anderen aber nicht, da sie abgelenkt sind.

Die «rufen ihre E-Mail nicht ab», also erhalten sie die Botschaft nicht. Ein weiteres Problem ist, dass die Leute im Internet ganze Welten erschaffen können. Es gibt komplexe virtuelle Welten mit künstlichen Charakteren, die miteinander interagieren, mit ihren künstlichen Persönlichkeiten, Begierden, Problemen und so weiter. Und es gibt Menschen, die sich weitgehend in diese Welten hinaus verlieren. Problematisch wird die Sache, wenn Sie vergessen, dass Sie sich im Internet be-

finden. Sie vergessen, dass Sie sich in einem Computernetzwerk aufhalten, in einer von Maschinen erzeugten Wirklichkeit. Sie vergessen, dass Ihre E-Mail-Adresse bloß eine Adresse ist und dass die Welt, in der Sie interagieren, eine künstliche Welt ist. Wenn die Bewusstheit darüber flöten geht, stecken Sie in Schwierigkeiten. Mit der Wirklichkeit ist das genauso. Sie haben vergessen, dass Ihr Name, Ihre Form, die Idee, mit der Sie sich so krampfhaft identifizieren, nichts weiter sind als die Adresse, unter der Sie im Moment zu erreichen sind. Wir haben diese Wirklichkeit gemeinsam erschaffen, aber wir haben vergessen, daß es nur eine virtuelle Wirklichkeit ist. Wir haben vergessen, dass wir uns damit identifiziert haben «Amerikaner» zu sein (oder irgendwelche anderen Landsleute), dass wir uns damit identifizieren, ein Mann oder eine Frau zu sein, katholisch, protestantisch, jüdisch oder muslimisch. Und so gibt es Konflikte zwischen uns, wir führen Kriege gegen andere, die ebenso krampfhaft wie wir an dem festhalten, womit sie sich identifizieren.

Daraus ergibt sich die Frage: Was geschieht, wenn Sie sich erinnern, dass dies bloß das Internet ist und Sie sich in einer künstlichen Wirklichkeit drin befinden, nur durch Computer und E-Mail-Adresse definiert sind? Wenn Sie sich erinnern, dass Ihr Leben, Ihre Ideen, Ihre gesamte Identität Schöpfungen des Denkens sind? Was passiert, wenn Sie nach Stunden, Tagen oder Jahren, die Sie in dieser virtuellen Wirklichkeit verbracht haben, die Taste drücken und den Computer ausschalten. Was geschieht, wenn Ihr Geist für einen Augenblick still wird? Was entdecken Sie da? Das ist die Herausforderung.

Was ist «Beziehung»?

Was meinen Sie mit «Beziehung» – Beziehung wozu oder zwischen wem? Was ist Beziehung?

Beziehung ist ein Zustand. Es ist ein Substantiv. Schlagen Sie den Begriff im Wörterbuch nach. Ich würde Beziehung definieren als «Zustand des Verbundenseins». Das sagt nicht, womit. Beziehung lässt sich nicht in der Bewegung finden, nicht im Suchen, nicht im Verlangen. Sie existiert in absoluter Stille, ohne jede Quelle oder irgendein Objekt. Beziehung ist nicht Beziehung zu jemandem oder etwas; sie ist nicht etwas zwischen zwei verschiedenen Dingen. Die geheimnisvolle Alchemie dieser Stille liegt in Folgendem: Wenn sie nicht Beziehung «zu» oder «zwischen» irgendetwas ist, dann wird Beziehung zum Ausdruck von allem. Beziehung ist nicht die Beziehung zur Gesamtheit, sie ist *die Gesamtheit. Gerade aus diesem Grund haben so viele Mystiker entdeckt, wie sehr alle Formen der Verehrung darin beschränkt sind, dass man dabei immer die Trennung von dem aufrechterhalten muss, was man in Liebe anbetet.*

Was ist also das, das Sie als die «Sucht nach Getrenntsein» bezeichnen?

Die Liebe zu Gott ist für den Mystiker ein verführerisches Ding, selbst nachdem er entdeckt hat, dass die Aufrechterhaltung dieser Dualität ihn von der Totalität abtrennt, die natürlich nichts anderes ist als eine Manifestation Gottes. So befindet sich der arme Mystiker in einem echten Dilemma. Er hat all die Jahre gefastet, gebetet und sich allen möglichen Kasteiungen unterworfen. Er liebt seinen Gott aus ganzem Herzen. Er betet jede Stunde jedes Tages zu Gott. Gott erwidert seine Anbetung mit Worten der Liebe. Eines Tages bittet er Gott um Einsicht in das Wesen des Absoluten, und so offenbart sich ihm die grenzenlose Natur des Lebens. Gott zeigt dem Mystiker, dass der Gott, den er anbetet, eine Projektion seines Geistes ist. Gott zeigt dem Mystiker, dass es keinen anbetenden Mystiker gibt und keinen Gott, den man anbeten könnte. Dass es keine Trennung gibt, keine Unterschiede. Der Mystiker ist verzückt. Er preist Gott voller Dankbarkeit und versichert ihn seiner nie endenden Liebe. Aber als Antwort kommt nur Schweigen.

In der Verwirklichung der Nondualität verschwindet Gott für den Mystiker.

Nach einer sehr langen Nacht der Betrachtung der Einheit des Lebens ruft der Mystiker Gott also noch einmal an. Er bittet um ein allerletztes Geschenk. Der Mystiker bittet Gott, ihm das Wissen um dieses wahre Wesen des Lebens wieder zu nehmen und zurückzukehren als Objekt seiner Liebe.

Natürlich wird ihm diese Bitte gewährt. Der Mystiker kann seinen Gott wieder anbeten. Und schon bald hat er die Totalität wieder vergessen.

In unserem Leben sind alle sozialen Konstruktionen um die Empfindung des Getrenntseins herum errichtet. Daher rühren sämtliche Konzepte, mit denen wir unsere Wirklichkeit organisieren und kommunizieren. Wir haben das Allumfassende der Existenz vergessen. Und doch ist da der Schmerz in unserem Leben, die nagende Leere und das zwanghafte Bemühen, diese Leere zu füllen – als Erinnerung daran, dass es jenseits der Trennung noch etwas gibt. Aber wir können niemals lange genug stillhalten, um zu sehen, was dieses Etwas ist. Wir bringen unseren Geist niemals zur Ruhe, und so gibt es in unserem Leben keine Ruhe. Wir sind süchtig nach dem Zustand des Getrenntseins.

Sie sprechen davon, dass die Furcht vor dem Unbekannten eine Projektion der Erinnerung an unser Versagen, an unsere Verletzungen und an unsere Ängste ist. Lernen wir denn nicht aus früheren Erfahrungen? Gibt es da nicht einen Unterschied zwischen irrationaler Angst und dem Wissen, dass ich mich brenne, wenn ich eine heiße Pfanne anfasse?

Wir sprechen nicht davon, dass man eine heiße Pfanne nicht anfassen sollte. Das ist Information, nicht Angst. Wir sprechen auch nicht über die Warnung, vorsichtig zu sein, wenn wir eine Pfanne anfassen, weil die heiß sein könnte. Das ist Intelligenz. Wir sprechen darüber, was unser Bewusstsein mit dieser Information anfängt, während es unablässig nach einem Handeln sucht, das auf keinen Fall an irgendeine heiße Pfanne rühren wird. Wir sprechen über das Bewusstsein, dessen Projektionen überall heiße Pfannen vermuten lassen.

Das Bewusstsein hat sich als Instrument des Überlebens entwickelt. Es kalkuliert die Wahrscheinlichkeit des Überlebens in jeder Situation. Das hat sich über Tausende von Jahren beim Leben in der Steppe bewährt. Dort mussten wir den Baum mit den Früchten finden, bevor der Löwe uns gefunden hatte. Also hat unser Geist das Risiko berechnet. Der Geist, der am besten rechnete, überlebte. Die weniger guten Rechner wurden vom Löwen gefressen. Die mit dem effektiveren Geist reproduzierten sich, und der Geist wurde immer effektiver.

Inzwischen hat sich dieser Geist jedoch zu einem Monstrum entwickelt. Er kann nicht mehr aufhören zu rechnen, ob da noch Löwen sind, die uns fressen wollen, oder nicht. Natürlich sind da keine Löwen mehr. Aber da sind Autos, die Kreuzungen überqueren, Konten, die ausgeglichen werden müssen, Anrufe, die beantwortet werden müssen, Flugzeuge, die abstürzen, MTV, McDonald's – kurz eine beschleunigte Welt, in der wir Freund und Feind kaum mehr zu unterscheiden wissen. Wir wissen nicht, wo die Löwen sind. Wir wissen nicht, wo die Pfannen sind – geschweige denn, ob sie heiß sind oder nicht. Unser Geist versucht nach wie vor, unser Überleben zu berechnen, doch er tut es unter der erdrückenden Last der Informationsüberflutung.

Angesichts dieser Überflutung vermeint unser Geist, überall Gefahren zu erkennen. Er wird neurotisch. Er lebt in Furcht. Aber er weiß nicht mehr, wovor er sich fürchtet. Das spielt auch keine Rolle mehr. Furcht stellt Überleben sicher, und Überleben ist das Spiel des Geistes.

Sie sagen, unsere größte Furcht sei die Furcht vor dem Tode. Gilt das auch für sehr religiöse Menschen, die den Tod als Übergang ins ewige Leben betrachten, in ein Reich der Glückseligkeit oder was immer ihre Glaubensvorstellungen beschreiben?

Diese Menschen fürchten sich vor dem Verlust ihres Glaubenssystems. Die Identifikation mit ihrem Glauben ist so stark geworden, dass der Verlust ihres Glaubenssystems ihrem Tod gleichkommt. Die Furcht vor dem Tod ist nicht nur die Furcht vor dem Tod des Körpers, sondern auch die Furcht vor dem Verlust der Identifikation mit einem Zentrum.

Die meisten von uns identifizieren sich hauptsächlich mit ihrem Körper; für sie besteht die Bedrohung im Tod des Körpers. Andere identifizieren sich hauptsächlich mit einem ideologischen Gedankengebäude. Und für viele bildet ein religiöser Glaube eine nie hinterfragte Konditionierung oder die Rückendeckung für ein Leben, das völlig materialistisch ausgerichtet ist.

Zehn Dinge, die Sie tun können, um in Beziehung zu kommen

1. Scheren Sie sich nicht um Listen, die Ihnen sagen, was Sie mit Ihrem Leben anfangen sollen oder wie Sie sich in zehn Schritten verändern können.

2. Beginnen Sie ehrlich zu sein und hören Sie nie wieder damit auf. Beginnen Sie bei sich selbst. Schließen Sie dann alle Menschen in Ihrem Leben ein.

3. Beginnen Sie jeden Tag mit einer Reflexion über Ihren eigenen Tod. Dies ist der letzte Tag Ihres Lebens. Leben Sie wirklich?

4. Beginnen Sie jeden Tag mit einer Reflexion über Ihre eigene Geburt. Dies ist der erste Tag Ihres Lebens. Sind Sie kreativ? Wachsen Sie?

5. Beginnen Sie Ihren Tag mit einer Reflexion über die Tatsache, dass Ihre Essenz nie geboren wurde und sie deshalb auch nicht sterben kann. Es gibt keinen Tag. Es gibt nur diesen Augenblick. Das war immer wahr. Und das wird immer wahr sein.

6. Unterlassen Sie für fünf Minuten das Denken. Finden Sie heraus, was dann geschieht.

7. Unterlassen Sie es für zehn Minuten, sich zu bewegen. Finden Sie heraus, was geschieht.

8. Atmen Sie – einfach nur atmen – zwanzig Minuten lang. Finden Sie heraus, was geschieht.

9. Essen Sie, wenn Sie hungrig sind, aber nur so viel, um Ihren Hunger zu stillen. Trinken Sie, wenn Sie durstig sind, aber nur so viel, um ihren Durst zu stillen. Schlafen Sie, wenn Sie müde sind, aber nur so lange, bis Sie ausgeruht sind.

10. Achten Sie darauf, wie Ihr Geist einen tiefen Widerstand dagegen mobilisiert, diese einfachen Dinge in Ihrem Leben umzusetzen. Siehe Nummer 1 in dieser Liste. Scheren Sie sich nicht um die Liste.

Jenseits von Beziehung, jenseits von Liebe

Legen wir in eine Waagschale alles Tun unseres Lebens und in die andere die Stille, so werden wir finden, dass diese schwerer wiegt.
St. Isaak, der Syrer

So etwas wie eine Beziehung gibt es nicht, weil es niemanden gibt, *von* dem eine Beziehung ausgehen könnte, und niemanden, *zu* dem man eine Beziehung haben könnte. So etwas wie Liebe gibt es nicht, weil es niemanden gibt, der aus Liebe handeln kann, und niemanden, der Objekt dieser Liebe sein könnte.

Wie ist das möglich? Zweifellos haben wir das Gefühl, in Beziehung zu stehen, zu lieben. Es gibt doch diesen anderen, jemand, den wir sehen und berühren können. Da ist doch jemand, mit dem wir Spaß haben, mit dem wir flirten können, jemand, mit dem wir uns zanken und streiten können.

Natürlich sind wir in Beziehung. Aber sicher doch, wir lieben.

Doch Moment mal.

Lassen wir für einen Augenblick den Gedanken, die Vorstellung des anderen beiseite. Lassen wir das Bild beiseite. Und sehen wir den anderen ohne diese Vorstellungen an, in Stille.

Ist der andere innerhalb oder außerhalb unseres Blicks? Ist die Welt innerhalb oder außerhalb unserer

Wahrnehmung? Gibt es da etwas, das die Welt in ein Innen und ein Außen aufteilt, das sie zweiteilt?

Ein Gedanke erhebt sich, und schon teilt sich die Welt. Diese Welt des «Ich» und der oder das «Andere» existiert im Denken und wird vom Denken hervorgebracht, von der Sprache, durch Konditionierungen.

Das Denken kann nicht lieben. Das Denken kann nur denken. Das Denken kann über Liebe denken, kann über die Liebe sprechen, kann sich Liebe einbilden, aber wirklich lieben, das kann es nicht.

Das, was das Universum aufteilt, vermag sich selbst nicht wahrzunehmen und daher vermag es die ungeteilte Welt nicht zu erkennen.

Liebe taucht auf, wenn das Denken schweigt. Wir können das Denken nicht anhalten, noch können wir Liebe erzeugen – einfach deshalb, weil wir selbst eine Gedankenform sind.

Das Denken vermag nicht, sich selbst abzustellen, und die Liebe mischt sich da nicht ein.

Das ist das Paradox, in dem wir wohnen, während wir darauf warten, dass wir verlöschen. Es geht nicht um die Auslöschung unseres Körpers oder unseres Denkens, sondern um die Auslöschung unserer Identifikationen mit diesem Körper und mit diesem Denken. Das ist das Aufhören der Idee der Dauer, der Festigkeit, der Lokalisierung.

Es gibt absolut nichts, das wir tun können, um Liebe herbeizuführen. Wir sind der Verführung unseres Getrenntseins verfallen. Wir existieren nur in unserer Abtrennung. Wir wissen nichts anders hervorzubringen als unsere Isolation.

Wenn wir getrennt sind, dann können wir in Beziehung treten, dann können wir objektivieren, dann können wir an jemandem hängen, ihn oder sie anbeten, für das Objekt unserer Zuneigung schwärmen.

Wir können nicht lieben.

Und wir können nichts tun, um das zu ändern. Noch kann ein anderer etwas tun, um uns zu ändern.

Geben wir alle Hoffnung auf Liebe auf.

Geben wir alle Projektionen von Liebe auf.

Geben wir auf.

Liebe ist das Feuer, das uns verbrennt. Wir können nicht überleben. Wir können nicht dabei sein, wenn sich etwas Neues aus der Asche erhebt, sich aufschwingt und fliegt. Das ist der Grund, warum wir die Liebe fürchten, auch wenn wir behaupten, uns nach ihr zu sehnen.

Geben wir auf.

Geben wir auf, nicht weil das Leben hoffnungslos wäre, sondern weil Hoffnung durch das Denken etwas in das Feuer projiziert und uns damit den Blick auf die Wirklichkeit verstellt.

Nicht das Leben ist ohne Hoffnung, *wir* sind es. Wir können nicht ins Reich der Ideen entkommen, auch wenn wir das natürlich versuchen werden. Mit der Hoffnung kommen wir nicht weiter.

Wir stecken in der Klemme.

Wir sind still.

Eine Herausforderung

Tut mir Leid, dass ich Sie nicht erkannt habe. Aber ich habe mich sehr verändert.
Oscar Wilde

Wie sähe unser Leben aus, wie sähe unsere Welt aus, wenn wir Beziehung in der ganzen Fülle lebten? Was wäre, wenn uns die Verbindung mit der Welt um uns herum genauso viel wert wäre wie der Zustand des Getrenntseins?

Egal, wie viel Geld und Sicherheit, Ansehen und Ruhm wir im Leben anhäufen – solange wir in Getrenntheit leben, leben wir im Schmerz. Um uns das klar zu machen, brauchen wir nur einen Augenblick nachzudenken.

Und doch tun wir unser Leben lang alles, um sicherzustellen, dass es nie zu diesem einen Moment der Reflexion kommt. Wir verhärten durch das, was wir bereits wissen.

Die Herausforderung, mit der wir uns konfrontiert sehen, ist so groß auch wieder nicht. Sie verlangt nicht mehr von uns, als wir haben. Sie verlangt einfach nur alles, was wir haben.

Natürlich können wir viele Gründe anführen, warum wir uns dieser Herausforderung nicht stellen können. Unser Geist, der ja schließlich auf sein eigenes Überleben hin konditioniert ist, wird stets seine guten Gründe für ein Leben in der Trennung finden.

In der Tat gibt es nur einen Grund, warum wir die Herausforderung der Beziehung annehmen sollten, doch das ist ein sehr überzeugender Grund: Wir müssen uns vollständig auf Beziehung einlassen, wenn wir voll leben wollen.

Für das Versagen und das Zerstörerische der Theologie der Getrenntheit und der Anbetung des Ichs gibt es mittlerweile genug Beweise. Ist es jetzt nicht möglich, einmal den Möglichkeiten Ausdruck zu verschaffen, die in der Verbundenheit enthalten sind? Können wir unser Leben dem Ganzen widmen?

Jeder von uns muss sich seinen eigenen Reaktionen, seiner Furcht, seiner Sucht nach dem Getrenntsein stellen. Wenn wir mitten in dieser von Konflikten geprägten, vom Denken erschaffenen Welt vollkommen ruhig werden, so könnte es sein, dass wir die Explosion der Einheit und der Liebe entdecken, die nackte Wirklichkeit des Lebens selbst.

Hier kommt die Herausforderung: Halte ein. Sieh hin. Lausche.

Nichts steht im Weg.

Unvermittelt bricht das Leben auf.

Inhaltsverzeichnis

Weitere Bücher von Steven Harrison

Und Jetzt?

DIE FRAGE AUF DIE ANTWORTEN DES LEBENS

Die Macht des *Jetzt* – Lektüre von gestern! Und jetzt? Der Autor weiß es nicht besser. Doch Steven Harrison stellt wesentliche Fragen, und in diesen Gesprächen erweist er sich als hingebungsvoller Dialogpartner.

Gebunden, 227 Seiten, Euro 19.–/Fr. 29.–
(ISBN 3-03300038-X)

Sei, wo du bist

LEBEN ALS MEDITATION

Alles Üben und Bemühen hilft nicht weiter: Schließlich führt auch die tiefste Versenkung und die höchste Verzückung zurück in den Alltag, und das Leben selbst erweist sich als die wahre Meditation.

Gebunden, 234 Seiten, Euro 22.–/Fr. 34.–
(ISBN 3-9521966-6-5)

Das glückliche Kind

ERZIEHUNG DURCH FREIHEIT

Provozierende Gedankengänge über die Erziehung – der Erwachsenen durch die Kinder. Manifest für ein grundlegend neues Verständnis von Lernen, wie es der Autor in einer von ihm mitbegründeten Schule praktiziert: Trau keinem über 3!

Gebunden, 172 Seiten, Euro 19.–/Fr. 29.–
(ISBN 3-9521966-9-X)

Eins sein

Gebunden, 160 S., Euro 19.–/Fr. 32.–
(ISBN 3-9521966-2-2)

Nichts tun

Gebunden, 144 S., Euro 18.–/Fr. 28.–
(ISBN 3-9521966-0-6)

Steven Harrison kommt regelmäßig nach Europa.